マンガでわかる

The Power of Habit
It can change your life in 30days

「続ける」習慣

習慣化コンサルタント
古川武士 著
Takeshi Furukawa

みつく 作画
Mitsuku

日本実業出版社

はじめに

あなたが続かない習慣は何でしょうか？
勉強、片づけ、早起き、家計簿など、さまざまあると思います。
けれども、いつも三日坊主になってしまうからとあきらめたり、自分は続かない性格だから無理だと思い込んだりしていませんか？
私は500名以上の習慣化を個人コンサルティングして、1つの確信を持っています。
それは、続かないのは「性格や根性ではなく、習慣化のコツや原則を知らないこと」が原因だということです。
私は、続く人と続かない人を調査して、習慣化メソッドを開発しました。この内容をまとめた、『30日で人生を変える「続ける」習慣』は、2010年11月に発売して以来、ご好評をいただき、ロングセラーとなっております。今では、中国・韓国・台湾でも翻訳され、広く読まれております。

発売から5年が過ぎ、多くの方から本作のマンガ化のご要望をいただきました。続けるコツは、物語として伝えたほうが臨場感があって、メソッドでは伝えきれないことも表現できます。

そこで、シナリオを考え、セリフも含めて試行錯誤しながら約1年がかりで作り上げたのが本書です。舞台をケーキ屋にし、舞と竣太郎という2人のキャラクターを中心としたストーリーで、わかりやすく表現できたと自負しております。

アリストテレスの言葉に、「人は習慣によって作られる。優れた結果は一時的な行動ではなく、習慣から生まれる」とあります。

よい習慣は人生を変えてくれます。

そのよい習慣が生み出す奇跡を物語で味わっていただければ幸いです。

習慣化コンサルタント　古川武士

マンガでわかる「続ける」習慣

目次

Contents

第3章

三日坊主を防ぐ習慣化の３原則
〜だって時間がないんです！〜

第4章

習慣化の第一関門“反発期”
〜いつもみたいに挫折しそう…〜

第5章

仕組み作りで “不安定期” を乗り越える！

～常連客・滝本の場合～

第6章

例外ルールと継続スイッチ

～モチベーションが上がらない！～

第7章

“倦怠期”に襲ってくるマンネリ化を解消する！

〜突然のお客様〜

第8章

習慣化は夢を叶える手段

〜さらなる習慣化を目指して〜

カバーデザイン／ISSHIKI（戸塚みゆき）
編集協力／フリーハンド
本文ＤＴＰ／一企画

第1章

続かないのは性格のせい？

～舞、解雇の危機！～

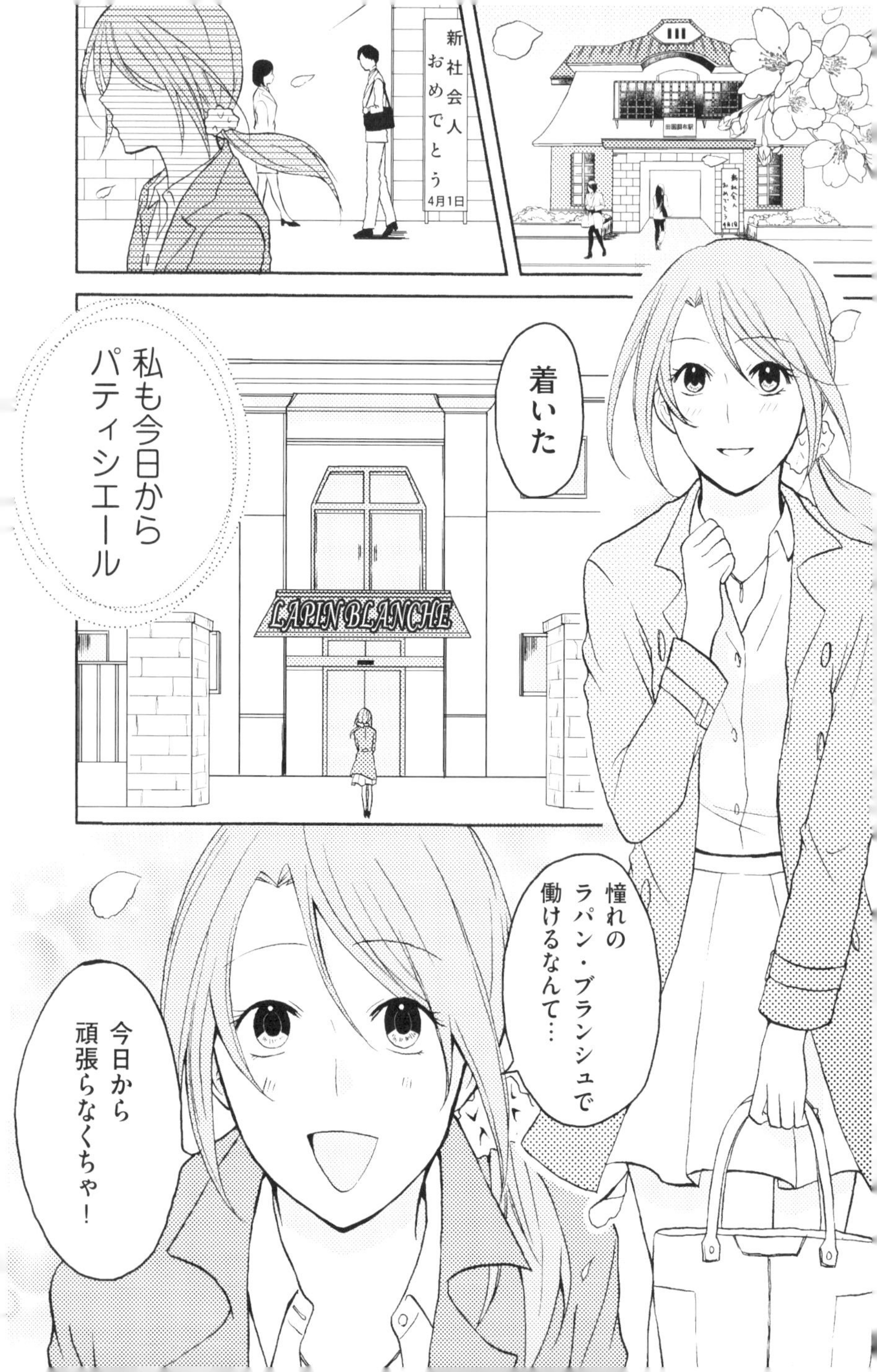
田園調布駅
新社会人おめでとう
4月1日
着いた
LAPIN BLANCHE
私も今日からパティシエール
憧れのラパン・ブランシュで働けるなんて…
今日から頑張らなくちゃ！

ドキ
ドキ
ガーッ
おっ おはようございます！
おっ新人の花園舞《はなぞのまい》さんだね？
店長の稲村です
待ってたよ
みんなちょっと集まってくれ！
新人を紹介するよ
今日から我われラパン・ブランシュのメンバーになる花園舞さんだ
花園舞です
未熟者ですが
よろしくお願いします！

※On the Job Training の略。職場での実務教育訓練。

知っての通り
ジョエルは常に
〝一流〟を求める
プロの自覚がない人間には
非常に手厳しい
みんな抜かりのないように！
常に一流か…
緊張するなぁ…
さあみんな
始めよう！
パン
花園さんは
まず制服に
着替えてきて！
はい！
5分後…
準備
できました！
よし
じゃあ早速
仕事の説明を
始めるね
まず新人は接客と
先輩職人のサポートから
入ってもらうよ

厨房の清掃
道具の手入れ
材料や機材の準備を朝イチで整えておくこと!
場所は――…
えっ!?
えっ
この道具は――…
そしてこれは――…
じゃ レシピはここにあるからやってみて!
スッ
はっ
はい!
えっと 薄力粉は…
違う! そうじゃない!
ゴゴ
それに遅い!! こっちだ!
ほら全部計量して! 今すぐ! 何やってるんだ
あの これは
口よりも手を動かす!!
ウワサには聞いてたけど さすが一流メゾン
初日からスパルタ…!! 全然優しい人じゃなかったよ――!! 私やっていけるのかな~!?

3週間後…
コン コン
竣太郎
駅までジョエルを迎えに行こうか
はい!
じゃあ花園さんは品出しを頼むよ
ジョエルに会うの楽しみだね!
ついにオーナーに
会える!
よし…!
品出ししよ…!
オーナーが来るんだから
いつもよりさらに丁寧に並べなきゃ♪
20分後――
ガーッ

堺さん…！お客様です…！
ど　どうしよう…
返事がない…!!
い、いらっしゃいませお客様…
店長はどこに行った？
Où est le directeur?
大きい…
迎えに来るといっていたのに会えなかったんだが…
Il m'a dit qu'il viendrait me chercher mais je ne l'ai pas vu.
まずい！
フランス語最近全然勉強してなかった！
あ…の

信じられない…おい！誰かいないのか!?
Ça par exemple, il y a quelqu'un! ?
お客様は… Alors euh,
えっと… vous…
イライラ
おい 聞いているのか？
Vous m'écoutez ou non ?
えっ…!? ジョエル!?
今、稲村店長がお迎えに伺ったのですが…
Inamura devait aller vous chercher.
いくら待っても来ないから一人で来たよ
J'ai vraiment attendu.mais personne n'est venu. C'est pour ça que je suis là tout seul.
それより何だ このパティシエールは？ フランス語もマトモに話せないのか？
Mais d'où elle sort cette patissière ? Elle ne sait même pas parler français.
お久しぶりです
Bonjour Joël, ça fait longtemps.
堺さん…こちらの方がオーナーなんですか？
うん ジョエルは少し機嫌が悪いようだ
すみません 彼女は入ったばかりの新人で
Pardonnez-nous, elle vient d'arriver vous savez.
フランス語も話せない奴を入社させたのか？
Vous avez embauché quelqu'un qui ne parle pas français ?
どうなっているんだ この店は！
En voilà un drôle de magasin !

ガーッ
ジョエル!?
この店はなってないな
視察する価値もない！
Ce n'est pas possible. Je n'ai même pas besoin de commencer l'inspection du magasin.
フランス語が話せない
パティシエールなどいらん!!
C'est inacceptable, une patissière qui ne parle pas français.
次に視察に来たときに
話せないなら
辞めてもらうからな！
On vous licenciera si vous ne parlez pas français à ma prochaine visite.
ブロロロ…
………

あの…堺さん…私…
プルルル
——あぁ店長？堺です
ジョエルがいま来たんですがちょっとまずいことに…ええ…お戻りをお待ちしています
どうした？
ガーッ
オーナーが…怒って出て行ってしまいました
花園さんがたまたまホールに一人のときにジョエルが来てしまって
花園さんのフランス語にジョエルが不満だったようで…
何だって!?

え？ でも花園さんってフランス語は得意だといっていたよね？
すみません
最近は全然勉強していなくて…
そうか…
ジョエルは常に一流を求める人なんだ
ここも日本にいながら本格的なフランスを感じさせたいと
こだわっているからね
すみません…

閉店後……
STAFF ONLY
花園さん 今日は 大変だったね
本当に すみません… お疲れさまでした…
あのさ
はい
このあと 時間ある？
え？
メシでも食いに 行こうか！
ぜっ…絶対
は…はい
喜んで…
お説教 される〜〜〜!!

1-1

続ける力が人生を変える！

習慣はコントロールできる

私たちの行動の40％は習慣によってできていると、デューク大学の研究でいわれています。この40％の習慣は、ほぼ無意識的に身につけてきたものが多いでしょう。

意識して習慣を身につけることができれば、もっと豊かに、もっと成長し、もっと充実した人生を送ることができます。

そのためには、習慣に振り回されるのではなく、習慣をコントロールして自分の人生に活用していくことです。

それが本書のテーマである「続ける習慣」です。

人生に好循環を与える「習慣」の力

舞の場合も同じです。語学は継続的に学習することで、初めて確実な成果を上げられま

本書で得られる5つの「続ける」コツ

①「なぜ続かないのか」が理解できる	続かない理由がわかると、ストレスと自己嫌悪から解放され、習慣化の方法がより理解できます
②習慣化のプロセスと対策を体得できる	あらゆる習慣を挫折に導くワナが理解でき、上手に乗り切ることができます
③自分の継続のツボを発見できる	あなたに合った継続のツボがわかり、続ける仕組み作り、モチベーションアップにつなげることができます
④習慣がもたらす奇跡を実感できる	マンガのストーリーから、習慣が人生に与えるインパクトを感じることができます
⑤実践のフォローを受けられる	習慣化プランシートと30日のフォローメルマガについてもご案内します

す。逆にいえば、継続しなければ能力は低下していきます。その結果、ジョエルが来店したときのようなとっさのケースで力を発揮できません。普段からの習慣がものをいうのです。

習慣の効果は、短期で現れるものもありますが、本当の変化は中長期で現れます。

桃栗三年、柿八年の世界です。

桃・栗・柿の実だけを短期で手に入れることは簡単にできます。しかし、毎年安定して収穫を得るためには、計画的に種を植え、水をやり、育てる必要があります。

よい習慣もこれと同じで、小さな行動という種を植え、育てることで、人生が変わるような大きな成果という収穫を得られるのです。

「続ける習慣が人生を変える」ということを本書で味わっていただければ幸いです。

1-2 ハミガキのように当たり前に続く状態を目指す

結果ではなくプロセスを重視する

目標達成と習慣化は違います。

目標達成はゴールを明確にして、そのギャップを乗り切るために一気にモチベーションを高めて行動していくことです。焦点は「結果」にあります。

一方、習慣化は、理想像を明確にしたら、そこにたどり着くための習慣行動を無意識的に繰り返せるよう、脳に覚えさせることです。焦点は「プロセス」にあります。

たとえば、英語学習でよくあるのは、「半年後にＴＯＥＩＣで８００点を取るぞ！」「３か月で５００語覚えるぞ！」というものです。これは目標達成です。

習慣化は、中長期的な目標を掲げ、「1日1時間、英語学習をする」「1日に5つ英単語を覚える」といったことを当たり前のものとして行動を自動化することを指します。

習慣化とは、続けたいことを毎日のハミガキのように楽に続く状態に導くことなのです。

第2章

習慣化するための プロセスとは

~私はどうして続かないの!?~

ガヤ
ガヤ
まずは…
遅ればせながら…
入社おめでとう！
競争率
すごかったんだってね
これからも頑張ってね
ビクッ
へっ!?
え？
どうしたの？

TCF…フランス国民教育省が行なうフランス語学力試験。

昔から
コツコツやるのが苦手で…
私 続かない性格なんです
フランス語の勉強も
いつも試験前に慌てて
詰め込んでたっけ
試験
2日前…
それは、目標達成が
モチベーションに
なっていたんだね
でもね 続かないのは性格や
意志の弱さのせいじゃなくて
習慣化の原則や技術を
押さえていないからだよ
えっ⁉
続けるのに技術が
あるんですか?
ゴソ
ゴソ
うん
そうなんだよ
――って偉そうに
いうけど
実は僕も
サッ
30日で人生を変える
「続ける」
習慣
25
古川武士
3年前に
『「続ける」習慣』という本を
読んで変わったんだ

はい
ありがとうございます
…確かに
ペラッ
そういわれると私って続ける習慣ないかも
じゃあ少しだけ説明してあげようか？
まず花園さんが続けられないことって何？
そうですね…
フランス語の勉強やお菓子の研究ノート
あと家計簿も三日坊主です
応用編
やさしいフランス語
家計簿

三日坊主って
よくあるよね
でも三日坊主は
むしろ自然な
ことなんだよ
三日坊主が自然!?
どういうことですか!?
実は 続けるのを邪魔する
「習慣引力の法則」
っていうものがあるんだ
習慣引力?
うん
人間には
「いつも通り」を続けたい、
変化を避けたい
という心理がある
入れて
お断わりします
変化
いつも通りの心理
KEEP OUT KEEP OUT
だから
よい習慣だとしても
変化だから
心理は抵抗するってわけ

そっかぁ… 悪い習慣も いつも通りだから 手放せないのかな？
そうそう
飲み込みが 早いね
じゃあ どうすれば いいんですか？
脳が新しい習慣を いつも通りと認識 するまで続けること
変化
変化…？
変化じゃ ないかも
いつも 通り
どれぐらい 続ければ いいんですか？
期間は 身につけたい習慣に よって違うんだ

日記をつけることや早起きを続けることも習慣だよね？
DIARY
ネガティブ思考をポジティブにするような
考え方のクセを変えることも習慣づけで可能なんだ
でもこれらすべて習慣づけで可能といっても
それぞれ違う気がしない？
そうですね
日記はなんとか続ければ慣れそうだけど、早起きや考え方を変えるってすぐには難しそうです

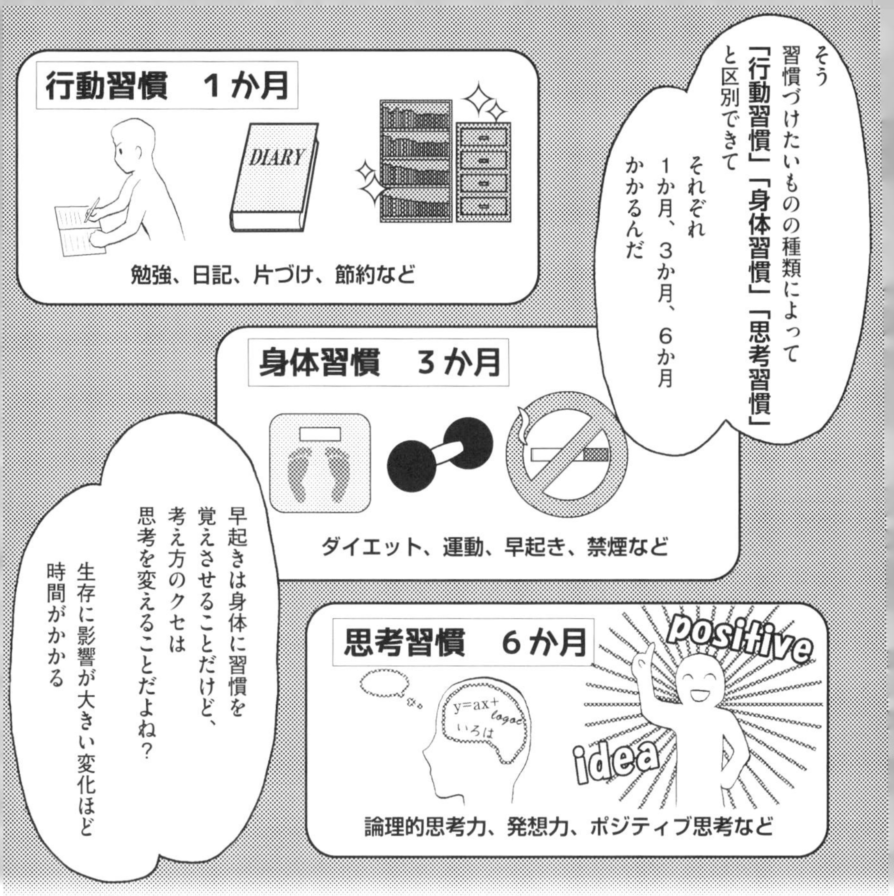
そう
習慣づけたいものの種類によって
「行動習慣」「身体習慣」「思考習慣」
と区別できて
それぞれ
1か月、3か月、6か月
かかるんだ
行動習慣　1か月
DIARY
勉強、日記、片づけ、節約など
身体習慣　3か月
ダイエット、運動、早起き、禁煙など
思考習慣　6か月
positive
y=ax+
logic
いろは
idea
論理的思考力、発想力、ポジティブ思考など
早起きは身体に習慣を覚えさせることだけど、考え方のクセは思考を変えることだよね？
生存に影響が大きい変化ほど時間がかかる

うーんと
私のフランス語の勉強はどうなるんですか？
勉強の習慣は〝勉強する〟という行動を続けていくわけだから「行動習慣」だね

じゃあ1か月…
でも 1か月続いた
ためしがない…
だからこそ
続ける習慣メソッドが
あるんだよ
挫折のパターンは
大きく分けて3つある
1つは
ロケットスタートして
すぐに失速するパターン
あっ 私まさに
それです!
三日坊主ですね
うん これが最も多くて
42%の人が
ここでうまくいかない
私だけじゃ
ないんだ…
そうだよ
ごく一般的な
パターンなんだ

2つ目は
急な残業や飲み会など
1杯どう？
じゃあ
突発的な事態に振り回されて続かなくなるパターン
あっ それも思い当たります
3つ目は続けることで飽きてくるパターン
マンネリ化というやつですね…
そう 習慣化しない理由は大きく分けて3つだけなんだ
だからこの3つさえクリアできれば続けられるってわけ

それで伊藤さんは…
あっそうだ
呼び方さ竣太郎って呼んでよ
えっ！
でも先輩にそんな…失礼じゃないですか？
ほら伊藤ってスタッフにもう一人いただろう？
みんなもそう呼んでるし
ニコ
確かに…
じゃじゃぁ…竣太郎さん…

竣太郎さんは何か続けているんですか？
えーっとね
フランス語の勉強
早起き
ランニング
店への改善提案アイディアを考える
毎朝ミーティングを開く
毎日新しいことを1つやる…
レシピづくり
片づけ

すごいです！
8つも身につけているなんて！
でも…
私には無理そう
大丈夫！
僕も自他ともに認める究極の飽き症だったから
竣太郎さんが？本当ですか？
うん
だから
続けるための原則と技術がわかればできるよ

おっ もうこんな時間
ガタン
あっ はい
気をつけて帰れよ
お疲れさまでした！
あっ まだ続けるコツみたいなの聞いてなかった
でも こんなに親身になってくれて
すごく厳しい人かと思ったけど
仕事に厳しいだけで根は優しい人なのかも…

2-1

よい習慣を「いつも通り」と認識させるコツ

三日坊主の原因は「習慣引力」だった！

私たちが続かないのは、いつも通りを維持しようという本能があるからです。これは、安全、安心、安定を保つためにとても重要な機能です。

この「いつも通りを維持しようとする力」を「習慣引力」と呼びましょう。

私たちの習慣引力には大きく分けて2つの機能があります。

機能1 新しい変化に抵抗する

習慣引力は、新しい変化をやめさせようとする機能を持っています。この力が働くことで続かなくなってしまい、いわゆる三日坊主になってしまうのです。

舞の場合でいうと、新しく決めたフランス語の学習は脳からすると変化です。習慣引力は変化に抵抗します。いつも通りの学習しないパターンに引き戻そうとするわけです。

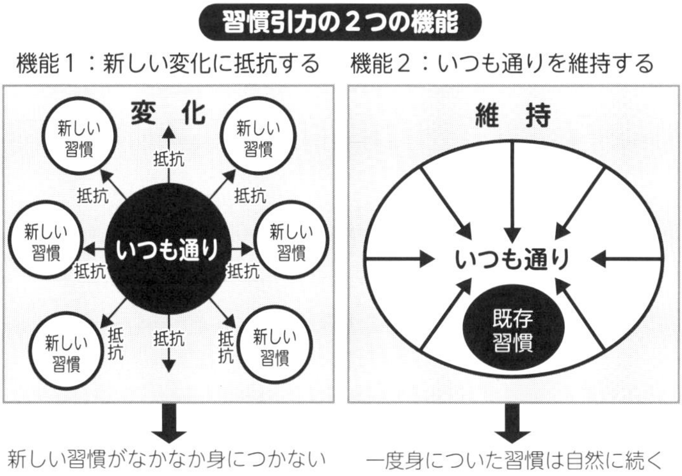

機能2 いつも通りを維持する

習慣引力には、いつも通りの行動は維持しようとする機能もあります。つまり、よい習慣を「いつも通り」と脳に認識させることができれば、習慣化するのです。

舞のケースでいえば、このいつも通りを維持するパターンにフランス語学習を入れることができれば、「勉強するのが当たり前」になり、モチベーションを強く必要とせず勉強を継続できます。

この2つの機能からもわかるように、重要になるのは身につけたい行動・思考パターンをいつも通りと認識させることです。

続けることによって、よい習慣を「これが当たり前」と脳に少しずつ覚えさせましょう。

2-2

習慣化までの期間は習慣のレベルによって違う!

習慣といってもさまざまなものがあります。本書では3つのレベルに分けて説明します。

レベル1 行動習慣(習慣化への期間:1か月)

片づけ、資格の学習、日記、節約などの日常繰り返す行動レベルの習慣です。舞のフランス語の学習は、行動習慣に当たります。本書でメインに取り扱うのはこの行動習慣です。

レベル2 身体習慣(習慣化への期間:3か月)

これはダイエット、運動、早起き、禁煙、筋トレなど身体のリズムに関わる習慣です。

レベル3 思考習慣(習慣化の期間:6か月)

考え方、感じ方など根深い思考を変えることが思考習慣に当てはまります。

第3章

三日坊主を防ぐ習慣化の3原則

～だって時間がないんです！～

お疲れ！これ持ち帰ってもいいよ
研究しておいてくれ
ありがとうございます
あ
フレジェ
綺麗ですよね…
素敵…
フレジェ
フランス版のショートケーキ。
スポンジ生地に生クリームではなく、
クレーム・ムースリーヌを
はさむのが特徴

味はもちろん見た目も大事だ
見ただけでも幸せな気持ちになれるような…
パティシエなら誰でもそんな作品を心掛けている
君だってそうだろ？
ええ！
私もいつか任せてもらえるようになりたいです！
いきなり全部ってわけにはいかないけど
近々、手伝ってもらうことになるよ
わ…責任重大ですね
カシャ
カシャ
カシャ
これはここ…
ピタッ

視線を感じる…
どうしたんですか？
いや…あんなこともあったし
早々に音を上げるかもって思ってたけど
ちゃんと続いてるね
もちろんです！
そりゃ…まだ駆け出しの新入りですけど
ここはずっと憧れのメゾンだったんです！
なんとかここで働きたいです…
うん
頑張れよ
はい！
10分後
ところで

最近フランス語の勉強はどう？
はい それが…毎日余裕がなくて
帰ったら寝るだけで…
時間がないんです…
うーん習慣以前に挫折って感じかな？
そうなんです
ヨイショ
いつもの続かない悪いクセが出ちゃって…
言い訳になっちゃうんですが…
やらなきゃってあせりはあるのに空回りしちゃって
まあまあそんなに思いつめないで
習慣化の最初の段階は
習慣引力が一番強力に作用する時期なんだ
一番やめたくなる時期さ
時期？

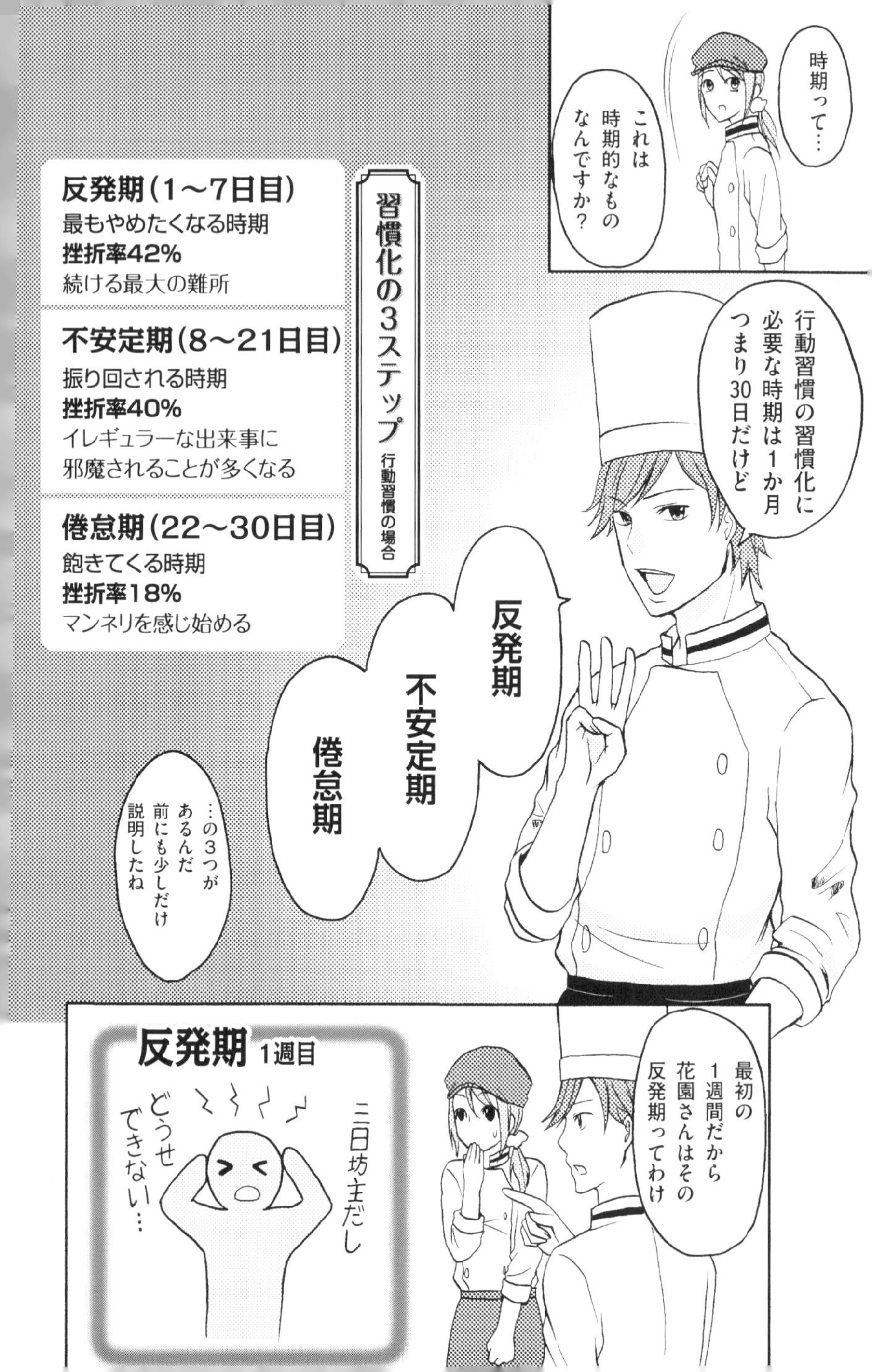
時期って…
これは時期的なものなんですか？
行動習慣の習慣化に必要な時期は1か月つまり30日だけど
反発期 不安定期 倦怠期
…の3つがあるんだ前にも少しだけ説明したね
習慣化の3ステップ 行動習慣の場合
反発期（1〜7日目）
最もやめたくなる時期
挫折率42%
続ける最大の難所
不安定期（8〜21日目）
振り回される時期
挫折率40%
イレギュラーな出来事に邪魔されることが多くなる
倦怠期（22〜30日目）
飽きてくる時期
挫折率18%
マンネリを感じ始める
最初の1週間だから花園さんはその反発期ってわけ
反発期 1週目
三日坊主だし
どうせできない…

まぁ
まだ取りかかってないから
うぅっ
グサ
正確には反発期も迎えてないけどね
ハハハッ
わ…私のことは置いといて…
反発期の次の不安定期って何ですか？
これは2週目〜3週目に当たるんだけど
不安定期
2週目
〜3週目
飲み行くぞー
は、はい…
仕方ない今日はできない
たとえば残業や飲み会などに振り回されてしまう時期なんだ
確かにこのまま残業が増えると
勉強なんてやれないままになっちゃうかも

倦怠期
4週目
最後の倦怠期は飽きてくる時期だね
大体できるようになってきたしもういいかな…
めんどくさくなってきた…
マンネリ化する時期なんだ
なるほど
挫折のパターンが段階的に襲ってくるんですね
最初が三日坊主
次が振り回されて最後はマンネリかぁ
そうそう
で、ちょっと質問なんだけど
どうして「時間がない」と感じているの？
シャカ
どうして…？
どんなパターンでできていない状況なのかと思って
ああ！それでしたら！

朝
早起きして
出勤前と
勤務中
帰宅後
帰宅後に
勉強しようと
決めているんですが
朝はバタバタ
夜はお店の片づけを
やって帰ると
もう全く手をつける
時間も気力もなくて…
やっぱりね
習慣化が
すぐに挫折
する人は
始める前から
失敗しているケースが
多いんだ
ええっ!?

このままじゃ失敗してしまうってことですか？
中級編 フラン
話せるフランス語
うーん…残念ながらそう思うよ
習慣化を成功させるための3つの原則を教えておこうか
3つの原則？
1つ目の原則は「1つの習慣に絞る」こと
え？
でも私はフランス語1つだけ…
あっそうか
うーん…
ニコ
ニコ
!?

朝に勉強しようとするのは　同時に「早起き」も習慣づけようとしてることになるんですね！
早起きしてから
朝の勉強
そう　これが1つ目の問題
どちらが失敗しても朝の勉強はできない
習慣化は1つだけでも相当大変
だから同時にいくつも身につけるのは難しいんだ
いま真っ先に習慣化したいのは何なのか考えてみよう
まずはそれだけに絞るんだ
私の場合…
優先するのはフランス語の勉強だから
早起きはやめて通勤中とか空いた時間にやってみようかな
ガタン
ゴトン
いいアイディアだね！

それから
2つ目の原則は
「有効な1つの
行動に絞り込む」
？
これは
フランス語の
勉強をするに
しても
反発期は
あれこれやらない
という意味なんだ
夜
あれこれって
言うと――……
あっ！
朝
私は朝1時間リスニング
夜は1時間リーディングと
ライティングって
決めているんですが…
これがマズイって
ことですか？
そう
それが行動を複雑にして
習慣化を妨げている
原因だと思うよ
これはもう
廃棄だから…

でも言語を学ぶには ライティングとリーディングとリスニングを全部押さえなくちゃ…
理論上はそうかもしれない
だけど それを全部やろうとすると
あっ
何かのはずみに目標を達成できなかったら
どれか1個だけなら頑張れそうなときだって
「どうせできないから」って全部やらなくなってしまわない？
確かに…夜にリーディングとライティングの両方をやる気力がなくて
どうせ両方できないならって 何もしないことにしてました

習慣化
するためには
本当はどれか1個を
少しだけでも
やったほうがいい
あっ…
そんな発想
なかったです
まず複雑な行動を
決めずシンプルに
することが必要なんだ
そうなん
ですか…
じゃあ苦手な
リスニングから
まずは始めようかな

それがいいね
3つ目の原則は――…
カチャ
「結果より行動に集中する」
カシャ
カシャ
カシャ
カシャ
カシャ
！
結果残さなくていいんですか!?
いやそうじゃなくて
？
お菓子を結果にたとえると
結果
生地作りが習慣行動のようなものだろう?
習慣行動

お菓子を
完成させるには
生地作りが必須
だよね
はい
カン
カン
でも
生地を作るときは
完成後のお菓子の
ことをいったん忘れて
その作業に集中して
いるんじゃない？
確かに！
ほら
やってみろ
ダメだ!!
もっと手際よく
ゴゴゴ
は…
ひ～～

結果から逆算して習慣行動を決めたらあとはその行動を繰り返すのがポイントなんだ
求める結果
結果ではなく…
習慣行動
習慣行動
習慣行動
習慣行動
ここに集中！
プロセスに集中するということですね
ホッ
よしそこまで
そう結果は続けられなければ得られないだろ？
結果
それならまずは習慣化するために習慣行動に集中しようということなんだ
続ける
習慣化
習慣行動
そっか…
私は「ちゃんと話せるように」と結果をあせって空回りしていた気がします…
問1
問3
問4

じゃあ
まとめると？
早起きは
やめて
習慣づけるのは
フランス語の勉強
1つに絞ります
そしてまずは
リスニングを
始めることに
します！
パタン
その行動を自分に
覚えさせるために
必死に頑張ります！
そうだね

竣太郎
ちょっといい
かな？
はい
いま行きます
ごめんね
続きは今度
あっ
はい！
よし！
片づけよう
ジャーー
竣太郎さん…
仕事中はとても
厳しいけど
忙しい中
私の勉強のことまで
気にしてくれて
ホント尊敬
しちゃうなぁ…
私も頑張らなくちゃ！
でも…反発期はどうやって
乗り切ればいいんだろう…？
ジャーー

3-1

習慣引力を乗り越えて習慣化の宇宙へ！

行動習慣を身につけるための3ステップ

習慣化には3つの「挫折の波」があります。これを理解しておけば、挫折しないように対策することができ、習慣化のプロセスもイメージできます。

ステップ1 反発期……やめたくなる時期（1～7日目）

よく三日坊主といいますが、7日目までが最も続けるのが難しい、やめたくなる時期です。習慣引力の抵抗が最も強く、まるで大雨洪水警報が発令されている暴風雨の中を歩くような状態です。性格や根性とは関係なく誰もが挫折しやすい時期といえます。

ステップ2 不安定期……振り回される時期（8～21日目）

急な残業やプライベートの予定に振り回されて挫折しやすい時期です。

習慣化のプロセス

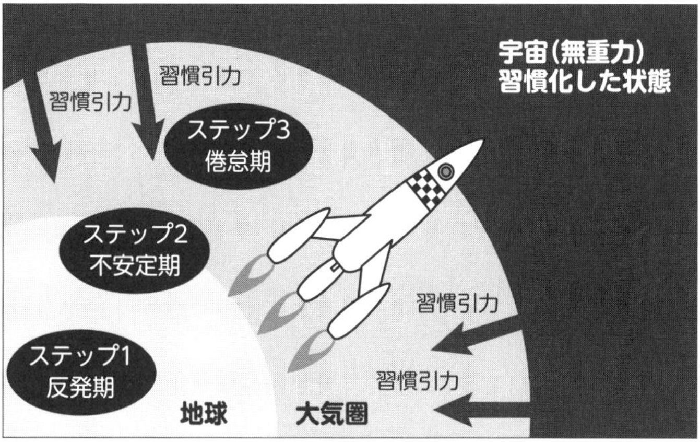

予定通りに行動が進まず、「もういいや」「やっぱりムリ」と思ってサボりがちな時期です。

ステップ3 倦怠期……飽きてくる時期（22～30日目）

マンネリ化を感じやすい時期です。

徐々に続けることへの意味を感じなくなったり、物足りなくなったりして、「意味ないかも」「つまらないなあ」「飽きてきた」という言い訳が出てきやすい時期です。

このように習慣化のプロセスでは、習慣引力が隙あらばやめさせようと引力を働かせてきます。しかし、それぞれの時期の習慣引力の特徴に合わせて適切な対策を用意しておけば、この引力に打ち勝ち、習慣化することができるのです。

3-2

「習慣化3原則」で、もういつもの挫折パターンにはならない！

習慣化の3つの原則

続かない人の傾向を見ていると、習慣化のスタート前の計画と姿勢に挫折原因があることがほとんどです。三日坊主に陥らないためにも次の3つの原則を守りましょう。

原則1 一度に1つだけ取り組む

一度にあれもこれも習慣化しようと欲張りすぎて挫折しているケースがあります。たとえば、片づけと早起きと勉強を一気に始めるけど、3日目に早起きができなくなり、5日目に勉強に挫折、片づけはいつの間にか残業が重なりやめてしまうといった具合です。

一度に2つ、3つ同時に始めることは、先ほど紹介した習慣引力が2重、3重にかかることを意味しています。重力が2倍、3倍かかっている中で走るようなものです。ダイエットならば、食事制限が習慣化してから、次に運動に取り組む。これが成功の秘訣です。

習慣化のロードマップ

	反発期	不安定期	倦怠期
期　間	1～7日目	8～21日目	22～30日目
症　状	やめたくなる 	振り回される 	飽きてくる 
挫折率	42%	40%	18%
方　針	とにかく続ける	仕組みを作る	変化をつける
対　策	①ベビーステップで始める ②シンプルに記録する	①パターン化する ②例外ルールを設ける ③継続スイッチをセットする	①変化をつける ②次の習慣を計画する
3つの原則	**原則1** 一度に1つだけ取り組む **原則2** 複雑なルールにしない **原則3** 結果より行動を重視する		

原則2 複雑なルールにしない

1つの習慣に複雑な行動ルールを決めてしまうと続かなくなってしまいがちです。

舞の学習法を例にあげましょう。行動ルールは朝はリスニングの勉強をする、仕事から帰ったら机でリーディングとライティングの勉強をするというものでした。

このように勉強1つに習慣を絞ったとしても、行動ルールが複雑だと続きません。

何をやれば最も効果的なのかを考えて、シンプルな行動に絞り込んでください。

原則3 結果より行動を重視する

3つ目の挫折する原因は、結果にこだわりすぎて行動リズムを崩してしまうケースです。たとえば、フランス語のテストに向けて短期目標を設定して一気に加速すると、どうしても結果主義になり、目標を達成したら、その後は学習を継続する意欲がなくなります。すでに説明したように、目標達成と習慣化は違います。目標達成は短期的なゴールを設定し、成果を得るために一気に行動しますが、習慣化は結果よりプロセスに集中します。いつも通りの行動を無意識に繰り返せるようになることが習慣化です。その行動の積み重ねで成果が出るのです。

習慣引力の抵抗を受けている間は、一定の行動を続けることにこだわってください。あせらなくても習慣化できれば結果は返ってきます。あせらずに待ちましょう。

なお、1か月（30日）の行動習慣は、習慣化するまでの期間は毎日続けることが大前提です。「週3回のペースでできるようになりたい」ということでも、最初は毎日続けてください。やったりやらなかったりする日があると、どうしても習慣化のリズムが定着せず忘れてしまいがちだからです。もちろん、1か月で習慣化したあとは、週3回、4回の本来の頻度に落としていただいて結構です。

第4章

習慣化の第一関門 “反発期”

～いつもみたいに挫折しそう…～

1日目
4月
よし！いけるぞ！
2日目
店長 17:00マデ
店舗会議
3日目
うと…うと…
…今日もあと30分は勉強しないと…ああ、眠い…
うと…
うと…
ぐー

4日目――
チュン
チュン
わっ！いつの間にか寝ちゃった！
ガバッ
え⁉ もうこんな時間⁉ 早く準備しなきゃ！
ああ…これじゃいつもと同じだよ…
ぐーー
ガクン
おはようございます〜…
ふら〜
ハア…
ジャーッ
花園さん！そんな顔してたらお客さんが来なくなるぞ
あっ…すみません

マカロン
発祥はイタリア。日本人になじみのある2枚重ねになったものはマカロン・パリジャンと言われる。マカロンタワーは、子孫繁栄、お祝いの気持ちの集まりを表している
わぁ〜マカロンタワー素敵ですね！
随分疲れてるようだね
あれから自分なりにやってみたんですけど
私やっぱり三日坊主になりかけていて
そっか反発期の対策教えてなかったからな
何ですか、それ教えてください
このままだといつものパターンになりそうです
わかったじゃあ店終わったらメシでも食いに行こうか？
ここが一番の難所だからコツを教えるよ！
はい！
閉店後——

ガヤ
ガヤ
ピーチメルバ
偉大なソプラノ歌手に捧げられた桃を使ったグラス・デザート
私 早起きはやめてリスニングに絞ったのに また三日坊主になりかけていて…
このままフランス語がしゃべれなかったらクビになるかもしれないのに
まあ まだ始めたばかりだからね
竣太郎さんはフランス語の勉強を習慣化したっていってましたよね
むむっ この ソースは…
うん ブランシュは本店での研修もあるからね
最低限フランス語で意思疎通ができるように勉強を続けてるよ
でも竣太郎さんは私よりずっと忙しいはず…
あの… お先
ああ お疲れ

竣太郎さんは
どうやって勉強を続けているんですか？
僕の場合は朝30分の勉強を続けている
だけど最初は花園さんと同じように反発期があったよ
だから5分の勉強から始めたんだ
えっ？
ガタタッ
たったの5分ですか？
そう
といっても「ベビーステップ」っていうれっきとした「習慣化」のノウハウなんだ
ベビーって…赤ちゃん？
？

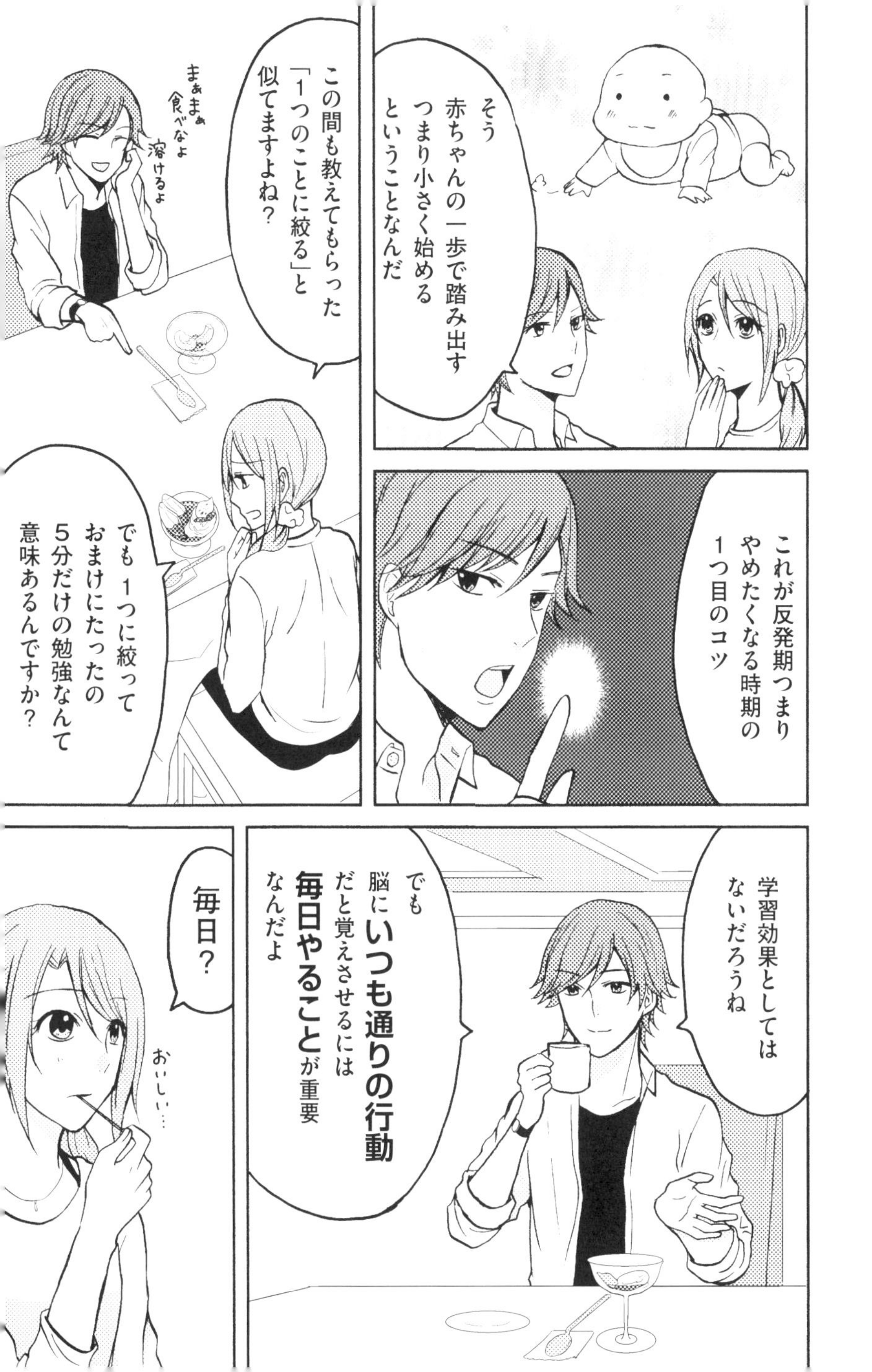
そう
赤ちゃんの一歩で踏み出す
つまり小さく始める
ということなんだ
この間も教えてもらった
「1つのことに絞る」と
似てますよね？
まぁまぁ
食べなよ
溶けるよ
これが反発期つまり
やめたくなる時期の
1つ目のコツ
でも 1つに絞って
おまけにたったの
5分だけの勉強なんて
意味あるんですか？
学習効果としては
ないだろうね
でも
脳にいつも通りの行動
だと覚えさせるには
毎日やることが重要
なんだよ
毎日？
おいしい…

じゃあ 1日おきに何かをやりたいっていう習慣を身につけたい場合はどうすればいいんですか？
習慣化するまでは毎日やること！
ベビーステップでいいから欠かさずやる
えー…
でも大変じゃないよベビーステップだから
むしろやったりやらなかったりする日があると逆に忘れそうじゃない？
昨日やってないのにやったつもりになったり
やらない日からそのままやらなくなったり
確かに
いつの間にかフェードアウトしている習慣いっぱいあります
休日の新しいレシピチャレンジ
2日に1度水やり
ブログの更新
だから脳にいつも通りと覚えさせるには
毎日やるのがベストなんだ

特に最初の7日間で42％の人が続かなくなるっていうのは前も話したよね？
反発期：挫折率42%
不安定期：挫折率40％
倦怠期：挫折率18％
最初の反発期の挫折率が一番高い!!!
だからベビーステップでここを乗り切ることが大切なんだよ
ベビーステップで始める…か
ありがとうございます何か気が楽になりました
5分でいいならできそうです！
別に5分以上やっちゃいけないわけじゃない
ただ、何もしないのが一番よくないいんだ
だからハードルを最低のところまで下げることでできるようにする
ちょっとでも必ずやるようにするんだ
ベビーステップってほかの習慣でいうとどんなものがあるんですか？

ランニング60分が目標なら
ウォーキング15分とか
15minutes
一番ハードルが低いものならウェアに着替えるだけとかね
確かにウェアに着替えるだけって発想ないなぁ…
ウェアに着替えたら外に出たくなりそうですね
ガタッ
そう！
それが重要なんだ
人間は止まっているときはやらない理由を考え
今日は予定あるし体力温存したいから
今日のランニングは…やめとくか
進み出すと行動する理由を考える動物なんだ
せっかく着がえたし予定の時間まで少し走ろう…

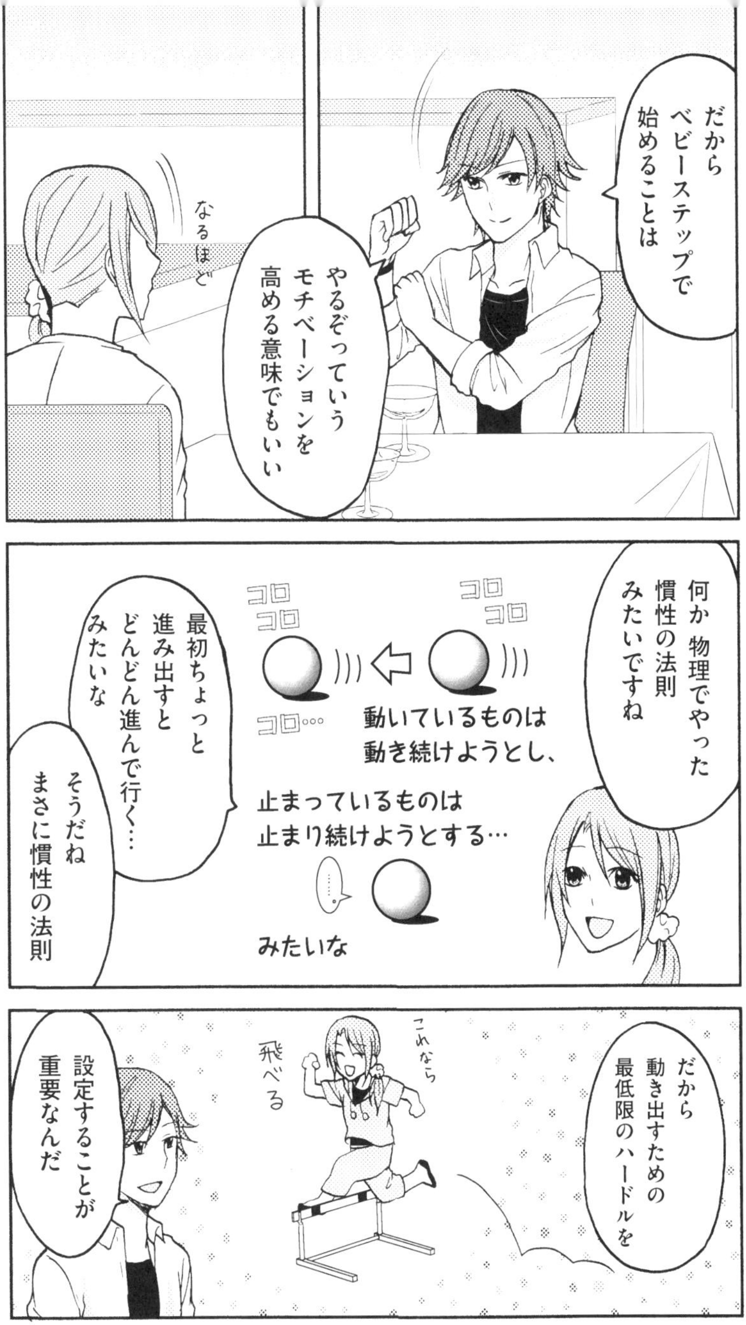

だから
ベビーステップで
始めることは
やるぞっていう
モチベーションを
高める意味でもいい
なるほど
何か物理でやった
慣性の法則
みたいですね
コロ
コロ
動いているものは
動き続けようとし、
止まっているものは
止まり続けようとする…
コロ
コロ
コロ…
……。
みたいな
最初ちょっと
進み出すと
どんどん進んで行く…
みたいな
そうだね
まさに慣性の法則
だから
動き出すための
最低限のハードルを
これなら
飛べる
設定することが
重要なんだ

じゃあ「片づけ」だったらどうなんでしょう？
ベビーステップを設定するときには
簡単
難しい
or
0分
60分
難易度を低くするか時間を短くするのがコツなんだ
片づけなら…
皿洗いだけするとかトイレ掃除だけするとか…？
難易度を下げるならそんな感じだね
確かに完璧に片づけようとしたら先延ばしになりますよね
よしやるぞ！
終わらない…
15分
時間を短くするなら15分だけ片づけるとか
いらないもの
私引き出しの中とか本棚とか細かいところを片づけようとして中途半端になることがよくあります

そうだね
習慣化の大敵は「完璧主義」
完璧主義
完璧にやるのはどうせ無理…
何もやらない…
習慣化できない
それを回避するためにベビーステップがあるんだ
ベビーステップ
これならできる！
続けられる！
徐々によい習慣を身につけられる！
私もベビーステップなら「時間がない」って言い訳から抜けられそうな気がします
フランス語の勉強を1日5分だけなんですもんね
「時間がない」というのは
「1時間のフランス語をやるには」という前提つきなんだよね
みんな5分の時間がないということはない
だからベビーステップでは時間がなくても問題にならないように設定するんだ

ほかにも反発期に習慣化を続けるコツはあるんですか？
もう1つはこれ 僕のいまの読書記録
ガサ
ゴソ
すごい
3月26日 『フランス菓子の歴史』 350ページ
7日間で読了。
歴史からフランス菓子を捉えることができた。
店のメンバーにも共有してみよう！
歴史モノはワクワクする。
ペラッ
竣太郎さんは几帳面ですね
いや 几帳面なんじゃなくて
これが2つ目の「シンプルに記録する」というコツなんだ

ダイエットのとき毎日体重をメモすることで成功するというような？
そうそうあれも記録の魔法
記録すると行動を客観視できるし成長を実感できる
何を書けばいいんですか？
う～ん
数値と
4 1 7 2 9
感情かな
数値ってフランス語の勉強でいえば時間とかページ数とかですかね？
感情はその日やり終えたときの感情を書くんだ
でも感情って…一体何ですか？

たとえば僕の読書日記だと
「本を読むと自分と向き合えるので静けさを取り戻せて落ち着ける何より成長感がある！」と書いているよね
落ち着きと成長感…？
そう
感情は行動を続けるときに重要で
それは行動を続けるかやめるかを決めているのは習慣行動を取った直後にやってくる感情だからなんだ
だからここでしっかり落ち着いて成長している手応えを感じることが重要なんだ
パブロフの犬に似てますね条件づけですね
犬にエサを与えるときに
必ずベルを鳴らしていると
⇓
ベルを鳴らしただけでよだれを出すようになる
エサ
カラッ

感情が習慣行動を取るための条件づけになる
習慣行動
記録
できた！成長してる嬉しい
感情
でも成長があまり感じられなかったら？
そこで「数値」が役立つんだ！数値を記録するとわかる
右肩上がり
小さな成長でも長い目で見たら成長しているとわかる
つまり小さな成長を実感しやすくなるんだ
大事なのは記録した数値と感情を見て毎日の小さな行動に充実感を覚えること！
効果はまだまだ…だけど
ちゃんと続けられてる！
自分なりに3歩進んで2歩下がりながらでも前へは進んでいる…と数値から読み取ることが大切だね
92ページ
4月2日
「100人の選んだ料亭」……
調理技術だけではなく……
重要性が……
本を読むと自分と向き合える。
静けさを取り戻せて落ち着け
何よりも成長感がある！
数値は成長の記録にもなるし
やれなかった日をなくしたいという動機づけにも使えそうですね
そうだね

きちんとできた日を肯定することにもなるよ
確かに「何もやれていない」という日が続くと自己嫌悪になっちゃいます
自己嫌悪を感じたくないから続けるのをやめるこれが悪循環だね
誰もが嫌な自分とは向き合いたくない
でもベビーステップなら「今日もできた！」と記録することができる
自己肯定感が自分を前に進めてくれるんだね
確かにそれは納得感があります
じゃあ
「ベビーステップ」と「記録」で頑張ってみます！
うん 反発期の方針は「とにかく続ける！」
どんなに小さくても「続ける！」の精神でまずは7日間頑張って！

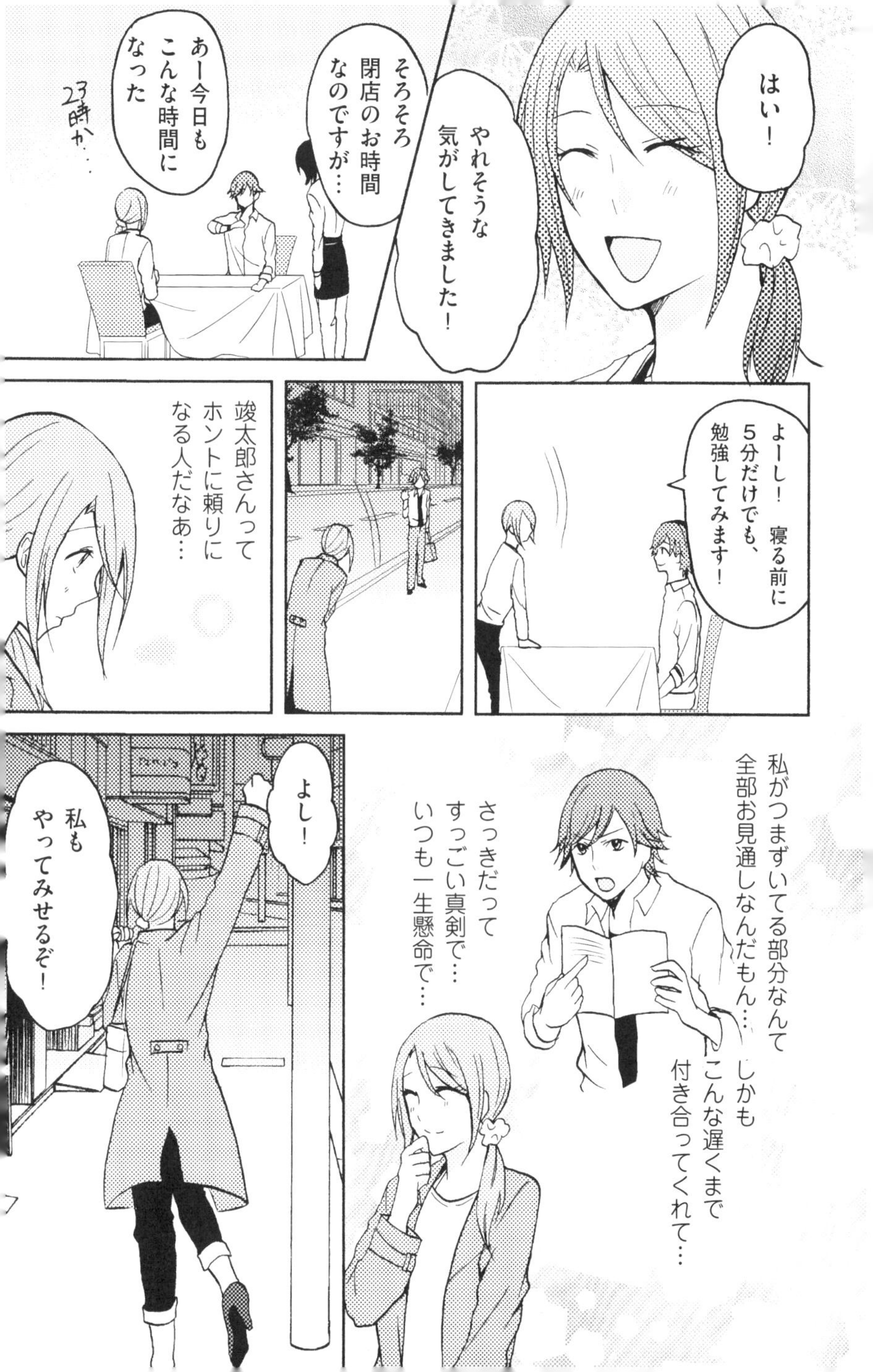

はい！
やれそうな気がしてきました！
そろそろ閉店のお時間なのですが…
あー今日もこんな時間になった
23時か…
よーし！寝る前に5分だけでも、勉強してみます！
竣太郎さんってホントに頼りになる人だなあ…
私がつまずいてる部分なんて全部お見通しなんだもん…
しかもこんな遅くまで付き合ってくれて…
さっきだってすっごい真剣で…いつも一生懸命で…
よし！
私もやってみせるぞ！

4-1

反発期はベビーステップでとにかく続ける！

完璧主義はかえってNG

続かない人の多くは、「完璧主義」です。

決めたことを、決めたタイミングで決めた量だけやらないとダメだと信じているのです。その結果、少しでも予定外のことが起きると一気に何もやらなくなってしまいます。0か100かで極端に考えてしまうのです。

一方、続く人はもっと柔軟に考えます。最初はゆるくスタートして徐々にアクセルを踏んでいく。疲れている日は少しだけやろうと柔軟に発想できるのです。

では、続かない完璧主義を変えるには、どうすればいいのか。その対策で一番有効なのが「ベビーステップで踏み出す」です。

ベビーステップとは、簡単にいうと「小さく始めましょう」ということ。どんなことがあっても続けられるような小さな一歩を踏み出すことがベビーステップです。

ベビーステップの設定方法

続けたい習慣	「時間」を短くする	難易度を低くする
片づけ	5分間片づける	1つの部屋だけを片づける
読書	15分間読書する	1ページだけ本を読む
日記	1分日記をつける	1行日記を書く
ランニング	10分走る	「ランニング」ではなく「ウォーキング」にする

ベビーステップには大きく分けて2つの効果が期待できます。

効果1 行動ストレスを少なくできる

徹底的に心理的抵抗がなくなるまで行動ハードルを下げるので、ストレスがなくなります。「今日はしんどいから」「また明日にしよう」という心の声が湧いてきたときに、ベビーステップであれば行動することができます。

ベビーステップを決めるときの基準は、インフルエンザにかかっているときでも実行できるというぐらい、必ず毎日できるレベルにしてください。

効果2 モチベーションに火がつく

動き始めると、モチベーションはあとから

ついてくるものです。たとえば、1ページだけテキストを読むことがベビーステップなので、頑張ってテキストを開いてみると意外と5ページ、20分ほど勉強ができたという体験をするものです。

動き始めるまでが一番エネルギーがかかります。モチベーションは動き始めると湧いてくるものなので、ベビーステップには行動量を結果として増やす効果もあります。

物足りなくても毎日続けることを重視する

ベビーステップの行動が小さすぎて「物足りない」「もっとできる」という声を聞きますが、最初はそれでちょうどいいのです。7日目以降の不安定期にハードルを上げますから安心してください。物足りなさは気にせずウォーミングアップのつもりで始めることがポイントです。7日目を過ぎると、驚くほど続けることへの抵抗感が少なくなっているのを感じるでしょう。

この反発期の時点で行動量はあまり重視しません。大切なことは、毎日実行し続けることです。実行したり、しなかったりを繰り返すと、脳はどちらがいつも通りか混乱し、結果的には何もしない現状に引き戻そうとします。

小さくても一歩を踏み出し続けてください。

4-2

「なんとなく」をやめて記録する！

シンプルな「記録」でモチベーションアップ！

反発期のもう1つの対策は「シンプルに記録すること」です。自分の行動を見える化すれば続けることへのやる気が上がります。また、行動を自己管理することもできるのです。記録するというと「面倒くさい」と思われる方も多いですが、シンプルで簡単に記録すれば、むしろ習慣行動を楽しいものにしてくれます。

次の3つのコツを参考に、どうすればやる気が上がるかを考え、自分に合った記録法を見つけてみてください。

コツ1 簡単な項目にする

気合いを入れすぎるとすぐに記録するのが面倒になります。簡単でシンプルな項目からスタートすることをおすすめします。

シンプルに記録することによる３つの効果

効果１	客観的に分析でき問題がわかる	・自分の行動を定量的に可視化できる ・ムダな努力を減らすことができる
効果２	行動にムラがなくなる	・目標とのズレを把握できる ・サボりを深く反省できる
効果３	モチベーションが上がる	・「できている」という自信が湧いてくる ・小さな行動にも意味を見出せる

コツ2 楽しい工夫をする

ただチェックをつけるだけではつまらなくなってしまいます。「スマイルマーク」だったり「キティちゃんのシール」だったり、やる気を上げるようなちょっとした楽しめる工夫をするだけでも続けたくなります。

コツ3 数値と感情を書く

数字を見ると事実と直面せざるを得ないので、人は行動的になれます。つまり数字を見れば頑張れるのです。

また、毎日の習慣行動直後の感情を記録するのも継続するモチベーションにつながります。

「朝から勉強が終わるとテンションが上がる！」というように記録すると勉強そのものの効果以外の感情メリットを実感できます。

第5章

仕組み作りで“不安定期”を乗り越える！

～常連客・滝本の場合～

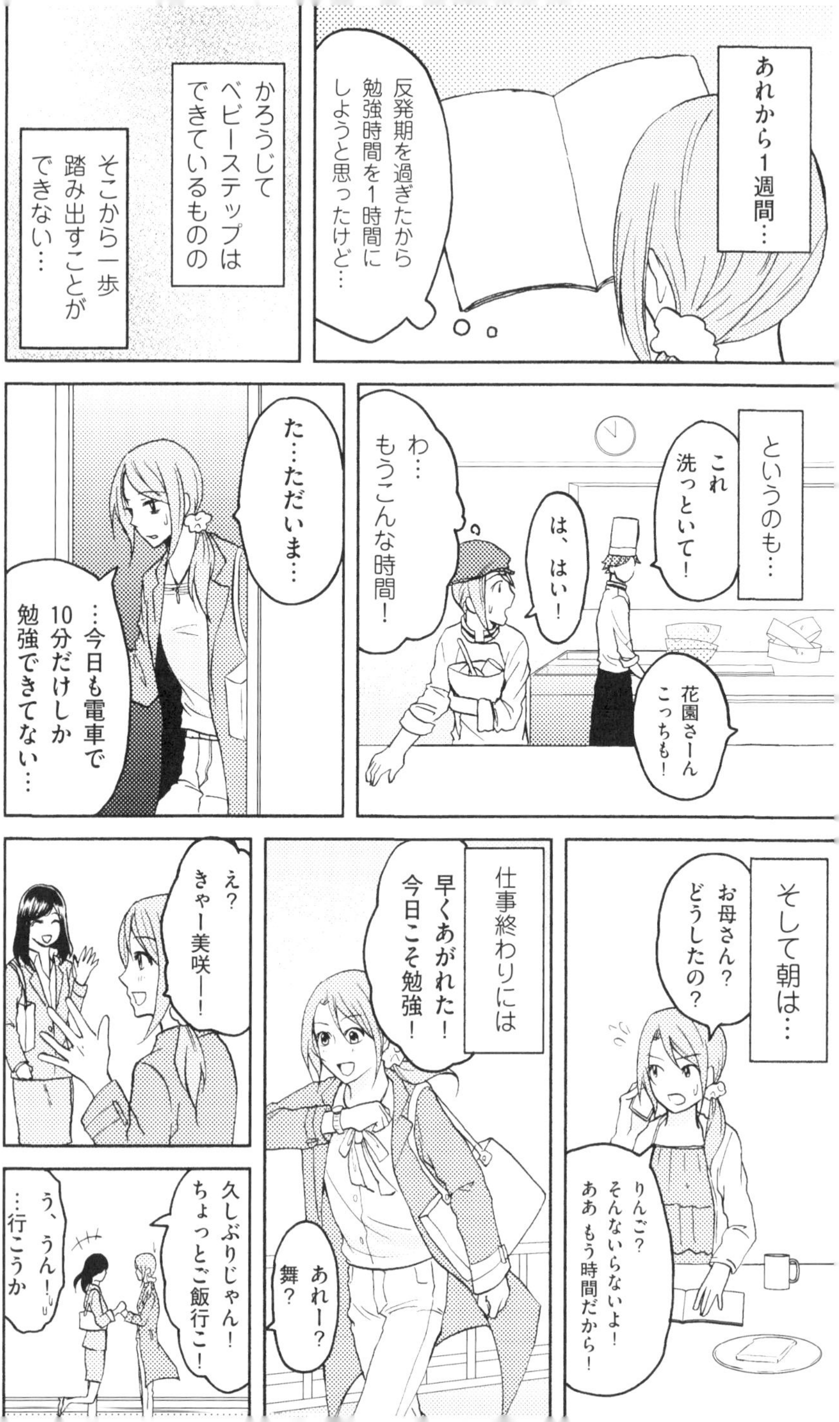

あれから1週間…
反発期を過ぎたから勉強時間を1時間にしようと思ったけど…
かろうじてベビーステップはできているものの
そこから一歩踏み出すことができない…
というのも…
これ洗っといて！
は、はい！
花園さーんこっちも！
わ…もうこんな時間！
た…ただいま…
…今日も電車で10分だけしか勉強できてない…
そして朝は…
お母さん？どうしたの？
りんご？そんないらないよ！ああ もう時間だから！
仕事終わりには
早くあがれた！今日こそ勉強！
あれー？舞？
え？きゃー美咲ー！
久しぶりじゃん！ちょっとご飯行こ！
う、うん！…行こうか

やばい…
結局友達とご飯行って
こんな時間に…
まだ5分しかできてない…
でも もう明日にしようかな
…朝できるかな？
スー
Z Z
そして…やっぱり
危惧した通りに
なったわけです
closed
Open
すみません
開店時間なので
扉を開けてきて
もらえますか？
はーい！
スッ
い
いらっしゃいませ

ねえ都島さん
あのお客様…
毎日朝一番に
来てますよね？
あぁ
そうですね
カチャ
ここ何か月も
ほぼ開店と同時に
いらっしゃってますよ
いつもパソコンを
いじってますよね
そうなんだ
カタ
カタ
それより
気になるのが…
あの本
いつも
テーブルに…
あの人も
「習慣化」
やってるのかな…
あの人はどうやって
ステップアップ
したんだろう…？
うーん
よ、よし
思いきって
おはよう
ございます
カタ
失礼します
コポポ
カタ

あのー…
いつもありがとう
ございます
あの…習慣…
あっ
いえ…その…
す、すみません！
お邪魔しちゃって！
あの どうぞ
ごゆっくり…
いいお店
ですよね
ここに来ると
集中できるもので
ありがとうございます
…私 花園といいます
まだ新入りですが…
僕は滝本です
お仕事ですか？
いえ…
実は小説を
書いているんです

えっ⁉
小説家さんなんですか！
いやいや、ただのサラリーマンですよ
小説家は夢なんです
仕事を言い訳にしてやらなくならないように毎朝書いてるんです
朝一番に40分間書き続けるようになって1年ほど経ちました
ようやく今度溝口正史賞に応募できそうなんです
すごい！
自分でも驚いてますよ
たった1年で
夢に向けた一歩を踏み出しているところなんですから…
まさか自分がここまで書けるとは思いませんでした
まさに「複利効果」です
複利効果…？
?

複利運用…元金によって生じた利子を次期の元金に組み入れることで利子が次第に増加する、「複利法」で資産を運用すること。

タイマー？
そう
こういうタイマーがあると便利ですよ
確かにカウントダウンされると一気に集中できそうですね
そうなんです
しかも時間限定で取り組めるからベビーステップにはいいんですよ
15:00
時計を見ながらだと区切りをつけにくいので
いまもタイマーをセットして
朝40分間の区切りをつけているんです
お客様に失礼なんですけど
少し相談していいですか？
はい
実は私も習慣化をやっているところなんです
おお！

私 フランス語の勉強を始めて9日目なんです
ベビーステップはできるようになったんですけど…
9日目ならもう「不安定期」に入っているのでベビーステップは卒業ですね
あっ はい 反発期は最初の1週間ですよね
飲み会
残業
不安定期って確か…
残業や予定外の用事などイレギュラーな出来事に振り回される時期です
あー… 私まさに不安定期です
突発的なことがいろいろあってベビーステップのままで…
次のステップに進めないいんです
なるほど
不安定期が反発期と大きく違うところそれは――…
「続ける仕組み」を作らないといけない時期に来ていることなんです

それにはベビーステップから本来の習慣行動にハードルを上げなくては…
ベビーステップから
本来の習慣化行動へ!!
不安定期のステップアップ
元々どれだけ勉強する予定だったんですか？
机の前で30分ほど集中して勉強するのと
移動時間や空き時間に30分間リスニングをするつもりだったんですが
かろうじて1日5分勉強してる状態で…
あれ？
「パターン化」はしてますか？
パターン化？
何ですかそれ？

習慣化している人って一定のパターンで行動しているケースがほとんどなんです
たとえばランニングが習慣化している人は朝走る派と夜走る派はいますが
ランダムに朝走ったり夜走ったりはしない
確かに決まったリズムがありますよね
そうリズムです
自分が習慣化したい行動を
「どのタイミングで」
「どんな内容で」
やるかを
具体的に設定することが重要なんです
なるほど!
タイミングと内容が具体的じゃなかったんですね

でも一体どう決めたら…？
滝本さんはどうして朝に小説を書くことにしたんですか？
一応 朝と夜両方試したんです反発期に
はは
そしたら夜だとうまくいかなかったもので
夜は仕事の残業とか飲み会とかいろいろありますよね
カンパーイ！
そうそう
あと仕事でヘトヘトになってるから全然書き進められなくて
それで朝やることにしたんです
でも…朝って眠くないですか？
これも習慣ですね
最初は眠かったですけど
こうやってカフェに来ればスイッチが入りますよ

僕は毎朝注文するものを
ブランシュオリジナルティーとタルト・オ・シトロンに決めているんです
これを頼めば
自然と小説を書こうという気持ちになるんですよね
タルト・オ・シトロン
さわやかな酸味と甘さが同居するレモンタルト
毎日注文するものを決める
これもパターンですね
そう時間・場所・内容を決めるといいです
滝本の例
7:00 家を出る
移動
:55 ブランシュ着
8:00 タルトと紅茶を注文
:05 タイマーセット 決まった席で 執筆開始
:45 執筆終了 移動開始
:55 出社
9:00 業務開始

僕のパターンは
時間は8時頃から40分間
場所はこのお店…
LAPINBLANCHE
空いていればいつものこの席で
内容は
オリジナルティーとタルト・オ・シトロンを用意して
使い慣れたこのパソコンを取り出したら40分間タイマーをセット
小説に集中できるのはこのパターンが決まっているからだと思います
滝本さんのパターン化とくらべたら…
時間は朝か夜か移動中に合わせて1時間…
場所はそのときできるところ
私は「空いている時間に」とか「とにかく1日合計1時間」という考え方をしていたかも
自分の黄金パターンを見つけるといいんですね
朝起きて机を片づけてから1時間…
とか
そんなパターンを

でも
できるかなあ…
そうですね みんな
「できるかな」って
不安はありますよ
だからパターン化を
考えるときには
できるだけ「聖域」を
意識したほうが
いいんですよ
聖域？
??
習慣を続けるのに
邪魔が入りにくい
場所やタイミングの
ことです
滝本さんの
場合、時間は
朝 ですよね？
ええ
時間の理由は
さっきいった
通りです
場所なんですが…
僕は結婚して
子どももいるので
家だと
バタバタして
小説どころじゃ
ないんです
だから妻に相談して
毎朝ここで書くことに
決めたんです

なるほど！
だから「朝の」「ブランシュ《ここの店》」が聖域なんですね
そう
僕は毎朝ここでお茶しながら原稿を書くという仕組みを作って習慣化に成功したんです
納得です 私は外が好きだから公園なんかいいかもしれないですね
ああ それはいいかもしれませんね
それに移動時間や空き時間にリスニングを勉強するというのもいい方法です
そういうふうに「この時間はこれをする」と決めると続ける仕組みが作りやすいんですよ
そっかぁ 確かに
通勤時間やお昼休みとかの空き時間は必ずリスニングをする時間と決めてしまえば…
そうですね
それに日常的にやっていることに上乗せすると新しく時間を作る必要がありませんしね

通勤時間で往復1時間でしょ…
お昼休みも1時間あるし
全部完璧にやる必要はないけれど
こうすると「時間がない」という問題から解放されますよ
花園さん ちょっといいかな
あっはい いま行きます
滝本さん ありがとうございました 貴重な「聖域」をお邪魔してしまってすみませんでした!
いえいえ いい刺激になりました 創作意欲が湧きますよ
ピピピピピ
00:00
お 僕もそろそろ出社時間だ
花園さん 不安定期の克服頑張ってください!
はい! パターン化頑張ってみます!
滝本さんも小説頑張ってください! またお待ちしております!

5-1

小さな習慣も大きな成果に結びつけられる!

習慣化が生み出す「複利効果」とは

継続は力なり。続ける習慣がもたらす魅力として「複利効果」があります。複利効果とは金融用語で、元本の運用で得た利息がまた元本になってさらに利息を生む効果のことです。元本が膨らむことで利率は同じでも運用金額はどんどん膨らんでいきます。

語学学習も同じでしょう。単語を覚えたり、基礎文法を勉強しているうちは伸びが少なくても、一定のベースができてくると能力はどんどん伸びていきます。さらにその結果として、留学のチャンスを得たり、上司が海外の仕事を任せてくれたりします。

このように習慣化して行動し続けると、能力面、機会面でよい循環を引き寄せるのです。たとえ小さな行動でも、続けていけば成果は「かけ算」されていきます。そしてその成果は最初はゆるやかに、あるときからは爆発的に現れます。成果が待ちきれなくなって、「こんな小さなことでは変わらない」と途中で投げ出すことが一番避けたいことです。

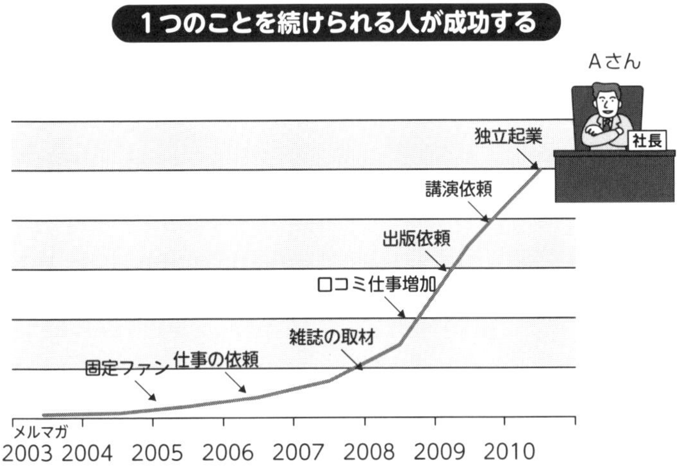

小さな行動が大きな複利に結びつく

私の知り合いの時間管理術を専門にしているAさんは、2003年から週3回、メルマガを送ると決めました。1か月目は30名しか読者がいませんでしたが、読者に励まされ、1年間で160通メルマガを書きました。

すると3年目には、個人コンサルティングの依頼が、5年目にはあるビジネス誌から取材依頼が舞い込みました。口コミで評判は広がり、7年目には大手出版社からメルマガの内容を本にしないかという話が来ました。そして、講演の仕事が増え、独立に至ったのです。

これらすべての成果の元本は、メルマガという小さな行動でした。

これこそ、継続の「複利効果」なのです。

5-2 規則正しくパターン化して「いつもの状態」を作る

習慣を繰り返す生活リズムを作る

不安定期は、突発的な用事や残業などに振り回されることで挫折しやすい時期です。習慣行動のリズムが乱れても元に戻せるように「パターン化」させましょう。

パターン化とは、あなたが身につけたい習慣を一定パターン（時間・やり方・場所）に決めてしまうことです。

あなたの日々の習慣を想像してみてください。たとえば、起きる時間、朝のハミガキの時間、朝食の時間、通勤電車の時間、寝る時間まで、多くの習慣はパターンが決まっているのではないでしょうか。

このように、習慣化するためには一定パターンで続けることがすごく効果的なのです。

滝本の例でいえば、小説を書くといっても、いつ・どこで・どれぐらいの時間書くのかを決めなければ、育児や仕事に追われて習慣にはできませんでした。毎朝出社前に、ラパ

パターン化の方法

	①日時 何曜日、何時にやるのかを決める	②内容 量や方法を決める	③場所 どこでやるかを決める
読書	毎朝7時30分から	50分、ビジネス書を読む	通勤電車の中で
英語の学習	毎朝6時から	30分、CNN英語ニュースをiPodで聞く	自宅の書斎で
運動	夕方、帰宅後（19時30分が目安）	30分、ランニングをする	家の近所にある川沿い

ン・ブランシュで、40分間とパターンを決めたからこそ習慣化に成功したのです。

決まったタイミング、場所、時間、やり方で習慣行動を行なうことで、リズムが身につきます。すると、行動が無意識のうちに行なえるようになってくるのです。

私たちは習慣のことばかりを考えて生活することはできません。生活の中で習慣行動のリズムを身につけられれば、常に習慣のことを考えていなくても忘れずに無意識的に行動できるようになります。

あなたにとって一番フィット感のある時間帯や内容・場所を決めてパターン化し、続けやすい状況を整えることが大切です。

パターン化の2つのポイント

パターン化を設定するときのポイントは次の2点です。

ポイント1 できるだけ「聖域」を考える

変動が多いタイミング・場所は避けたいところです。滝本の場合は、夜・家でやろうとするのが最悪のケース。夜は仕事で疲れている上に、自宅には幼い子どもがいるので小説どころではありません。このパターンで習慣化しようとすると難易度は相当高くなります。

それが、朝・会社の近くのカフェで実行することで、一気に習慣化しやすくなります。

このように邪魔されにくいタイミングや場所で行なうことが大切です。

ポイント2 一石二鳥で考える

時間を新しく生み出すこと以外に考えたいのが、一石二鳥です。すでにある習慣に新しい習慣を乗せるという発想です。通勤電車、徒歩時間、お昼休み、お風呂など1日の生活のリズムに上乗せするのです。特に、語学のリスニングやオーディオブックなどは移動しながら学習できるので、通勤電車や徒歩時間は最高の一石二鳥のタイミングになります。

第6章

例外ルールと継続スイッチ
～モチベーションが上がらない！～

結衣《ゆい》 今日は来てくれて ありがとうね！
舞の お願いだもん 当然じゃん！
それにしても休日まで ケーキ作りって… ゆっくりすれば いいのに～
だって早く一人前に なりたいんだもん！ …それにお店で練習する 時間も限られてるし
私 実験台なの～⁉
ピンポーン
あっ 竣太郎さん かな？
彼氏？
違うよ！

試作するっていったら
アドバイスするって
いってくれたの！
職場の！
せ・ん・ぱ・い！
はいはい
こんにちは
お邪魔します
初めまして
伊藤竣太郎です
友人の
中垣《なかがき》結衣です
？
へー
やるじゃん舞
コソッ
ちょっ
やめてよ！
用意
してくる！
ダッ
カチャ
カチャ
じゃーん！

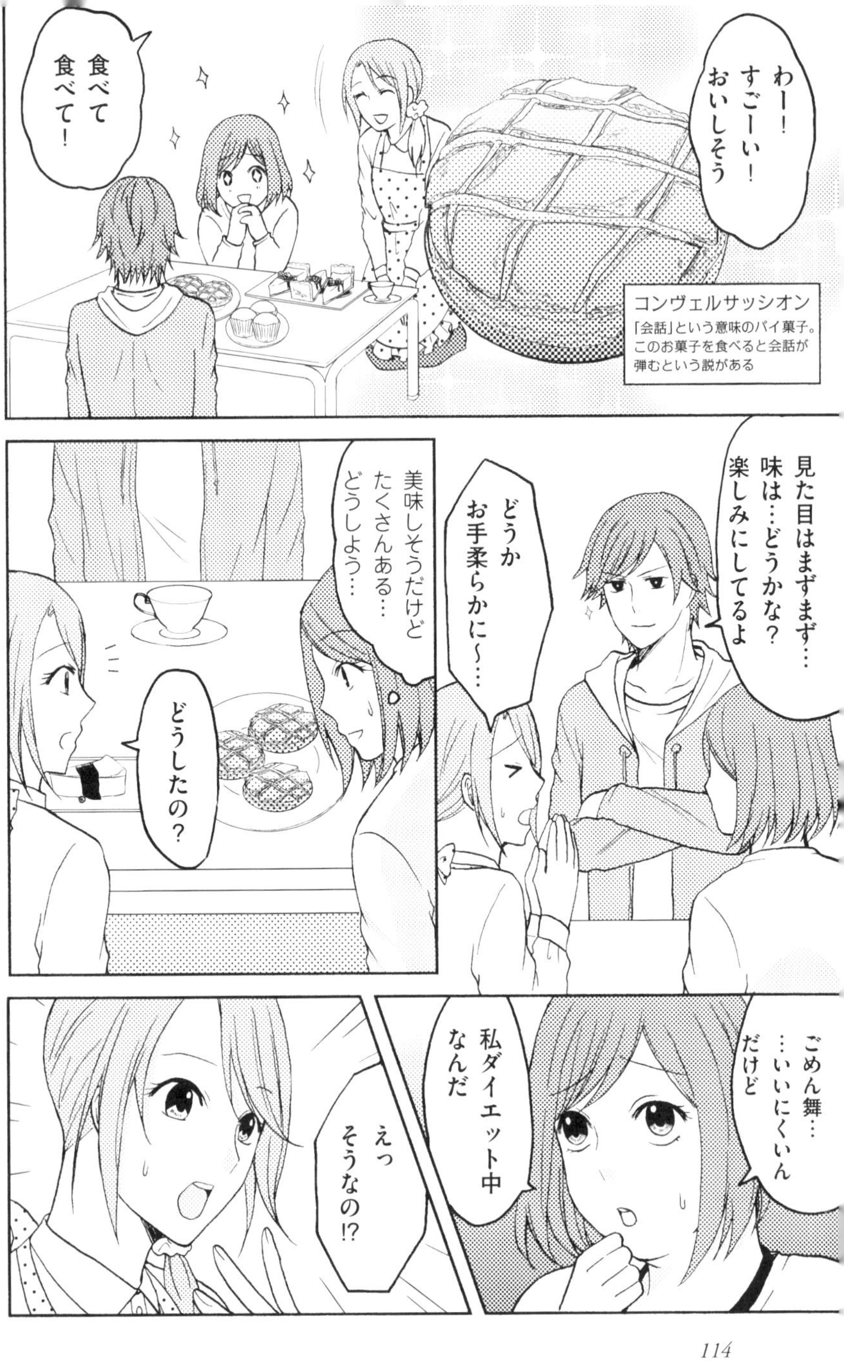

わー! すごーい! おいしそう
食べて食べて!
コンヴェルサッシオン
「会話」という意味のパイ菓子。このお菓子を食べると会話が弾むという説がある
見た目はまずまず… 味は…どうかな? 楽しみにしてるよ
どうか お手柔らかに～…
美味しそうだけど たくさんある… どうしよう…
どうしたの?
ごめん舞… …いいにくいんだけど
私ダイエット中なんだ
えっ そうなの!?

知らなかった試食なんかお願いしてごめん！
ううん！舞の力になりたくて来たのにごめんね！
っていうかすごく食べたいんだよ…
チラ
でも悩んじゃう…ダイエット中なのにって…
どうしよう～全部試食したいけどカロリーが…
うわーん
うーん
これが習慣化の最中だったら
「例外ルール」
として認められるんだけどなあ
例外ルール？それって何ですか？
習慣化メソッドの中にあるんだ

習慣の仕組みを作るときに
パターン化すると同時に例外を作るとうまくいきやすいんだ
私もいまちょうどパターン化をやってるんです
とりあえず通勤時間と家に帰ってからの合計1時間リスニングの勉強って決めてみたんですけど
ん？何の話？
お茶また持ってくるね
フランス語を勉強してるの
忙しいのに大変そうだね
そう 実はね…
フランス ライティング
フランス語問題集
話そう！フランス語
…というわけでクビになるかもしれないんだ
え⁉ それホント⁉ ヤバイじゃん！

竣太郎さん！
図々しいんですけど
何とか舞を
助けてあげてください！
ずいっ
うん 花園さんは
フランス語の勉強を
頑張っていて
僕も応援しているんだ
だから花園さんに
習慣化を
すすめたんだよ
…でも
パターン化をしてみても
うまくパターンに
はまらないことが多くて…
なるほどね…
じゃあ竣太郎さんは
舞の味方ですね！
よかったね
舞！

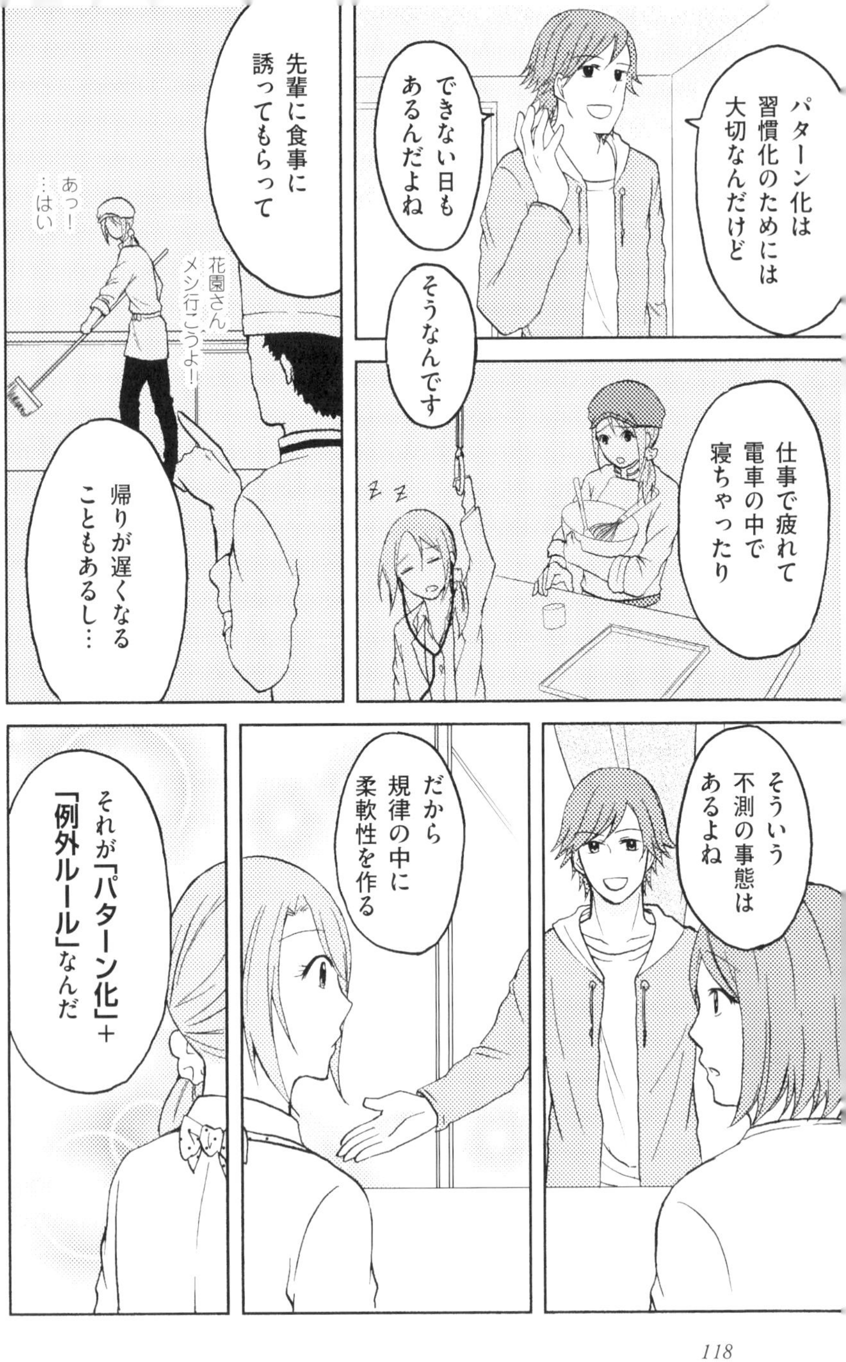
パターン化は習慣化のためには大切なんだけど
できない日もあるんだよね
そうなんです
仕事で疲れて電車の中で寝ちゃったり
z z
先輩に食事に誘ってもらって
花園さんメシ行こうよ!!
あっ…!…はい
帰りが遅くなることもあるし…
そういう不測の事態はあるよね
だから規律の中に柔軟性を作る
それが「パターン化」+「例外ルール」なんだ

ダイエットの話でいうとたとえば…
「特別な日のケーキは2つまでは例外として認める」というようなルールを作ることになるね
じゃあ私の場合ケーキ2つならOKということですか？
もちろんパターン化をした上でのことだよ…って
おいしー!!
あーあ
カラッポ
えーと…まあいっか…すると私の場合でいえば
パターン化としては通勤時間と帰ってからの合計1時間はフランス語の勉強をすることなんですけど…
例外は寝不足や体調不良のときは無理しない…
みたいな感じですか？

そうそう そんなときに例外ルールを適用すればいいんだよ
ちなみに私の場合例外ルールを適用した日は何をすればいいんですか？
カチャ
そのときはベビーステップで構わないさ
小さな行動ハードルならできるよね
たとえば本来なら1時間フランス語を勉強するところを
代わりに昼休みに10分やる…といった具合で
あっそれならできそうです
あと、早めに家を出てお店で20分ぐらいやるのもいいかも
そう そんな感じで「今日もできた！」を積み重ねることが
モチベーションを維持する上で大切なんだ
「毎日やる」が習慣化のキモだからですよね？
そう0・1歩でいいから脳にいつも通りの行動を覚えさせるため

それに人生にはどうしてもイレギュラーなことがあるから柔軟性も持たせないとね
今日もできなかった…
不安定期も反発期と同じで「今日もできなかった～」が続くと嫌になっちゃうから
モチベーション大切ですよね
もぐもぐ
また食べてる
私の場合だとダイエットのモチベーションはどうやって高めるといいですか？
そうだなあ…
たとえば周りに宣言してしまうとかダイエットが成功したら自分にご褒美を用意しておくとか
そんなのはどうかな？
宣言とご褒美！いいかも！
ダイエット成功したらずっと欲しかったバッグを買います！
結衣らしいね

そういうモチベーションを高めるのに役立つのが続けるための「継続スイッチ」なんだ
継続スイッチ?
ON OFF
それ知りたいです!
アメ系スイッチが6つムチ系スイッチが6つ
合わせて12個があって…
多い…
いやいやこれは必要に応じてセットするもので
1つか2つ 自分の習慣に当てはまるものでいいんだ
12の継続スイッチ
ムチ系スイッチ
1 損得勘定
2 習慣ともだち
3 みんなに宣言
4 罰ゲーム
5 目標設定
6 強制力
アメ系スイッチ
1 ご褒美
2 ほめられ上手
3 遊び心
4 理想モデル
5 儀式
6 悪魔払い
12個!?
12個全部やるんですか!?

舞のスイッチは何？
私はただでさえフランス語ができなくちゃクビって言われているからムチはつらいかも
毎日のご褒美やほめられ上手かな？
ご褒美にケーキを食べるとか！
毎日ご褒美にケーキってダイエット中の私にケンカ売ってるの？
食べるのも勉強だから…
えっ、違うよ！そんなつもりじゃなくって
冗談だよ！
…で？舞はほめられ上手で誰にほめてほしいの？
チラ
えっ誰って…
うーん
これは…

はいはい！
やっぱりね～
うんうん
ちょっ!?
？
頼んでみたら？
う…ん
あ あとで…ね
花園さんの
継続スイッチは
決まったみたいだね
すくっ
スタ スタ
ドキッ
…はい
よーし
じゃあ
反省会だ
ずいっ
このソースは何だ！
店でちゃんと
先輩達を見てるのか!?
すみません
スポンジも
パサパサ！
いいか―
うわこの人
仕事になると
変わるんだ
鬼だ…！

その日の夜―
ドキ
ドキ
ピロン
ビク
今日は ありがとうございました！
伊藤
飾りつけ、デザインは よく考えられていて よかったよ
ありがとう ございます！ 竣太郎さんに ほめてもらうと 頑張れそうです！
伊藤
ぱぁあああ
それからは―
今日も勉強 1時間 できました！
ほめられ上手の日もあれば―
よくできました
お疲れさま！
今日も1時間の勉強頑張れた！
ごほうび～！
おいしー♡
こんな日も―

6-1

サボる日を作らないための「例外ルール」

イレギュラーなことにもルールを決めておく

たとえば、パターン化をして「帰宅したら1時間勉強する」と決めたとしても、残業で家に着いたのが23時を過ぎた日は勉強する気がなかなか湧いてきません。

そして誘惑がやってきます。「今日ぐらいやらなくてもいいか。明日頑張ろう」。しかし、これが挫折の道に突入するきっかけになります。

翌日は友達と食事をしたため帰りが遅くなり何もできず、その翌日は飲み会でお酒が回ってやる気がしない。ついに、「あー、やっぱり続かない」とあきらめてしまうのです。

このように急な予定や決めた通りに行動できない場合に有効なのが、「例外ルールを設けること」です。例外ルールとは「残業や飲み会・体調不良のときに何をするかをあらかじめ決めておくこと」です。例外ルールのときに何をやればいいかというと、反発期に決めた「ベビーステップ」をやるのが一番わかりやすいでしょう。

例外ルールの決め方

①例外ケースを考える	体調	・疲れた ・やる気がしない ・気分が悪い ・風邪を引いた　など
	天候	・暑い ・寒い ・雨 ・雪　など
	予定	・突然の残業 ・トラブル ・飲み会　など
②対応を考える	ベビーステップで行動する	・５分だけリスニングをする ・１ページだけ教科書を読む　など

例外ルールを決めてそれを行なうだけで、「今日もクリアした！」という達成感が得られ、自分を責めることがなくなります。

日々の生活の変化に合わせて行動できるよう計画に柔軟性を持たせましょう。

ただし、例外ルールでも次の２点は守ってください。

①あらゆるケースを想定する

残業、飲み会、土日、体調不良、気分が乗らないときなど、基本パターンを守れないケースを出し尽くしましょう。

②行動を絶やさない

とにかく、毎日小さくてもいいから続けること。このポイントはずっと同じなのです。

6-2

習慣化が上手な人が知っている継続のツボ

継続スイッチをセットする

「パターン化＋例外ルール」で、あなたの続ける仕組みの70％は完成しました。

最後に、「続けるためのやる気を上げる方法」をご紹介します。

私が続く人と続かない人にインタビューしてわかったことは、続く人は自分のやる気を上げるコツをよく知っているということでした。

その方法は、勉強が終わったらご褒美にチョコを食べる、週3回友達と一緒に走ってやる気を上げるなど、さまざまです。

やる気のツボは人それぞれ違いますが、自分の続ける力を引き出してくれるツボをわかっておく必要があります。

そこで、続く人がどんなやる気の上げ方をしているのか、「12のツボ＝継続スイッチ」を次ページにまとめてみました。

12の継続スイッチ

①アメ系スイッチ（快感）

憧れ、楽しさ、ほめられる、ご褒美といった快感（アメ）で自分を動かしていくスイッチです。

スイッチ1	ご褒美	ご褒美パワーで目先の困難を乗り越える
スイッチ2	ほめられ上手	ほめられる環境を作り、やる気を上げる
スイッチ3	遊び心	遊び心で行動を楽しくし、自分のテンションを上げる
スイッチ4	理想モデル	理想のモデルを設定し、今の自分を一段レベルアップさせる
スイッチ5	儀式	小さな儀式を行なうことで、ダルくて辛い気持ちを吹き飛ばす
スイッチ6	悪魔払い	行動を邪魔する障害を取り除き、ストレスを軽くする

②ムチ系スイッチ（危機感）

締め切り、宣言、約束、罰を避けたいといった危機感（ムチ）で自分を動かしていくスイッチです。

スイッチ7	損得感情	お金を投資し、挫折すると損する環境を整える
スイッチ8	習慣ともだち	習慣仲間を作ることで甘えを許さない
スイッチ9	みんなに宣言	みんなに宣言し、あとに引けない状態を作る
スイッチ10	罰ゲーム	罰ゲームで、日々のつらさ・言い訳・甘えを撃退する
スイッチ11	目標設定	目標を設定して達成意欲を引き出す
スイッチ12	強制力	他人との約束、厳しい環境、時間制限により、やるしかない状況に追い込む

継続スイッチは、大きく2つのジャンルに分けられます。
やる気は快感（気持ちいい、楽しい、嬉しい）をもっと味わいたいとき、苦痛（恥をかきたくない、期限が迫っている、苦しい）を避けたいときの2パターンで湧いてきます。
そこで、アメ系スイッチ（快感）と、ムチ系スイッチ（危機感）に分けてみました。
アメ系スイッチとムチ系スイッチを必ず両方設定しなければならないというわけではありませんし、セットするスイッチの数に決まりはありません。
自分にどれが合いそうか、前ページの表をチェックしてみてください。

継続スイッチでこんなに続く！

12の継続スイッチはあくまで切り口です。
あなたの習慣や続けたいことの内容によって異なります。
舞の場合は、「習慣ともだち」という竣太郎がいることで継続しやすくなっています。
また、「ご褒美」として習慣行動がきちんとできたらケーキを食べること、「ほめられ上手」として竣太郎に励ましてもらうことを設定しました。
あなたもいろいろな継続スイッチを試して、一番モチベーションに火がつくものを設定してみてください。

第7章

“倦怠期”に襲ってくるマンネリ化を解消する！

〜突然のお客様〜

よし！不安定期突破！
ランス語
習慣化始めてから…21日目！
朝…電車でのリスニング　15分
夜…電車でのリスニング　15分
自宅TCFテキスト5ページ　30分
単語が出てこなくて引っかかることが少なくなってる。
語彙力が上がってる…自信がついてきた！
不安定期クリア！
22日目—
和菓子の素材を使ってみたんですけど…
うん 上品な甘さがいいね
堺さんどうですか？
うん 悪くないな 試しに今日店頭で様子を見るか？
ほんとですか!?
やったね！初商品だ！
習慣化を始めて3週間—

勉強も進んできたし
私のケーキがお店に
置かれることに
なったし いい感じ
ル・ブルジュオン
Le Bourgeon
450 yen
これが
滝本さんのいってた
「複利効果」かな？
休憩もらいます
おう
キィッ
ガチャッ

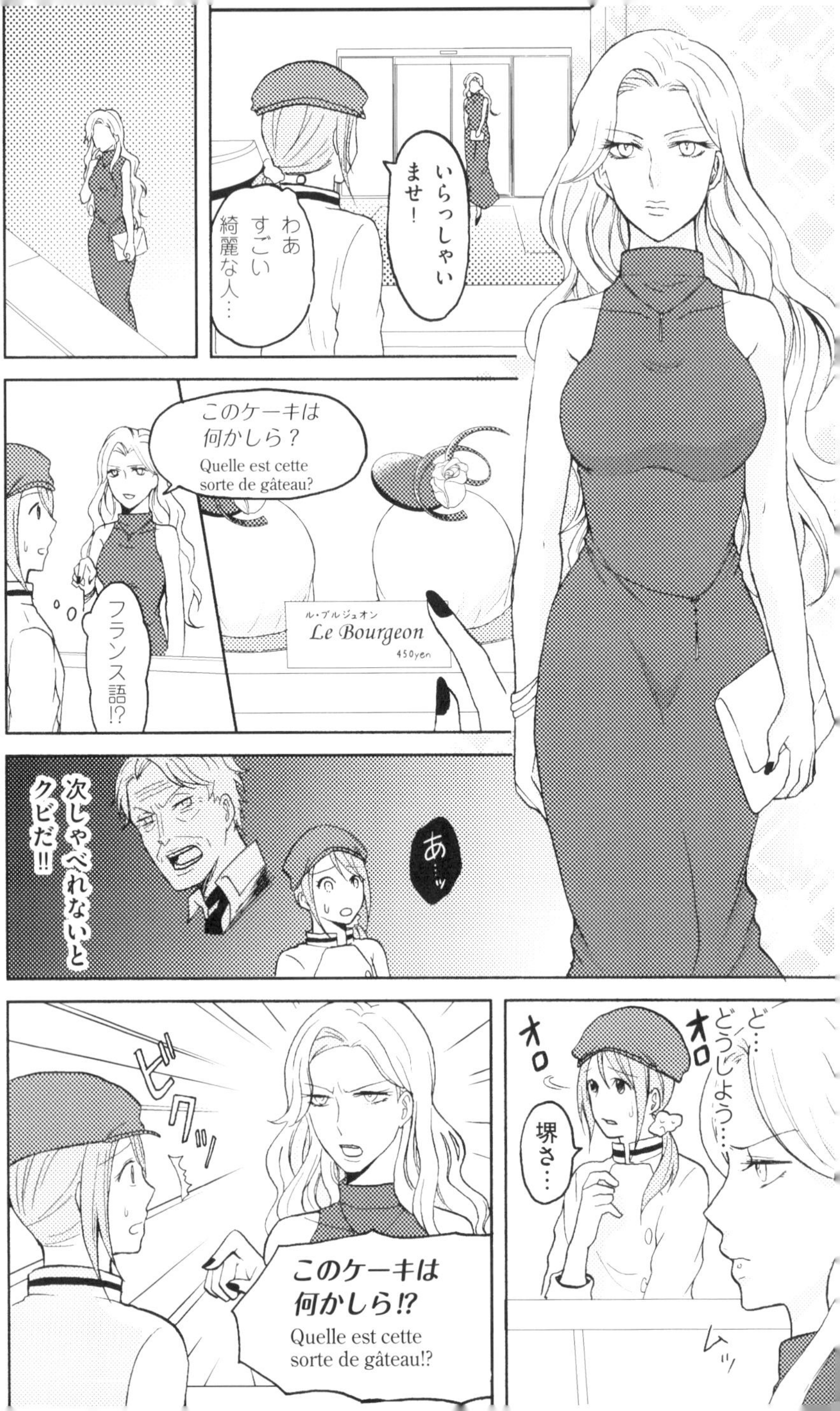
いらっしゃいませ！
わあ すごい 綺麗な人…
このケーキは何かしら？
Quelle est cette sorte de gâteau?
ル・ブルジュオン
Le Bourgeon
450yen
フランス語!?
あ…ッ
次しゃべれないとクビだ!!
ビクッ
このケーキは何かしら!?
Quelle est cette sorte de gâteau!?
ど…どうしよう…
オロ オロ
堺さ…
ムッ

苺をムースの中に
閉じ込めてそれを
求肥《ぎゅうひ》で包みました
une fraise que l'on enrobe de mousse ; le tout recouvert par le Gyuhi.
求肥は日本の伝統的な
お菓子でして―
Le Gyuhi est fait à base de farine de riz, un ingrédient traditionnel au Japon et
落ち着いて
ぐっ
このお店には
とてもセンスのいい
パティシエがいるのね
Ce magasin a un pâtissier de bon niveau.
とても美しいわ！
繊細で愛らしい
Quel beau gâteau ! Très délicat et vraiment sublime !
それに日本らしい
伝統が詰まっている
なんて…
et puis tout le savoir-faire de la tradition japonaise.
そういって
いただけると
嬉しいです
Merci beaucoup.
これ…私が
作ったんです
Et ça c'est moi qui l'ai fait.
え？ あなたが？ とても
若そうに見えるけど
Vous? Il me semble que vous êtes toute jeune.
はい
まだ新人です
Oui je suis débutante.
えっ

こんな斬新なケーキ どこにも売っていないわ
On trouve nulle part ce genre de gâteau.
世界中のケーキを 食べ歩いている私が いうんだから間違いない
Je l'affirme et j'en ai gouté des gâteaux, tous, du monde entier.
世界中の ケーキを…⁉
Tous les gâteaux de monde entier ?
光栄です
Merci. C'est un honneur pour moi.
ポカーン
じゃあこれ 10個全部 もらおうかしら
Donnez-moi en 10.
!
ありがとう ございます!
Merci beaucoup!
とても日本的で 優雅なケーキだわ
Très élégants et très japonais.
あとで友人と食べるわ 彼らもこのケーキを 見たら喜ぶでしょう
Je les dégusterai avec mes amis. ls seront ravis avec cela.
お口に合えば 嬉しいです
Ce sera formidable si vos gâteaux leur plairont.

やった…！
1時間後
バン
みんな大変だ！
え！あのカンヌ映画祭の主演女優賞をとった人ですよね
サインもらおうかな♪
ハァ
ハァ
本店から連絡があったんだけど
フランスの世界的女優クリスティーヌ・ロウ・ブルシュレスが店に来るみたい！
とんでもない！クリスティーヌはジョエルともつながっているから不手際があるとマズいよ

まぁ前科もありますしね
ともかくお出迎えの準備をしよう!
女優さん…フランス人で…綺麗な…あれ?まるで…
あっ!
その方さっきお越しになったかもしれません…
え―――っ!?
さっき来たって?
はい 外国の女性の方で…
もしかしてこの人ですか?
あーっ!そうです!この方です!
で…花園さんが対応したの?
はい

みなさん不在でしたので…
でも 何とか
フランス語で応対しました
それで「このケーキは何？」と聞かれて説明を差し上げたところ
ホッ
私が作ったル・ブルジュオン10個も買ってくださいました
グッ
—30分後
店長！いまクリスティーヌがSNSでうちの店のことを書いてトップニュースになってます！
何だって⁉
本当だ…
「ル・ブルジュオンが美しくて繊細でさっぱりしている」
「こんなスイーツ食べたことない！」と絶賛しているよ！
christine
@christine1
563万フォロワー
56フォロー
ツイート
RRRRR
RRRR
ル・ブルジュオン10個ですね
ル・ブルジュオン20個ですか
RRRR
RRRR
店長！ル・ブルジュオンの問い合わせが殺到してます！

さあ作ろうか！
今日は大忙しだぞ
はい！

今日はお疲れさま！乾杯！
ありがとうございます！

しかしすごかったね
合計200個も注文入ってたよ
明日も大忙しだ
本当に…わけがわからなかった…
というか いまもわかってないですが
ちなみにフランス語で話したんでしょ？
はい 最初は緊張しました
でもここまで22日間勉強してきたので
学生時代のような力も戻ってきました
元々持っていた力が3週間で戻ってきたんだね！
ちょっとの会話なので大したことでは…
でもそれより
フランス語で自分のお菓子の魅力を伝えて喜んでもらえたのはすごく嬉しかったです

パティシエの醍醐味だよね
味に国境はない…
はい だから今日ちょっと考えてたんです
まだ生意気だって思われるかもしれませんが…
何？何？
ズイッ
いつかフランスに留学したいなーって
そして世界に認められるパティシエールになりたいって思いました
いいね！
花園さんならきっと叶えられるよ！
いや とても情熱的でいいと思うよ
あっ 新人でたまたま今日ラッキーなだけなのに
調子に乗ってすみません…！
じゃあ フランス語の勉強も続けなきゃね

そうですね
フランスで仕事をするなら かなり上級レベルにならないと
習慣化の目的がしっかりしてきたね
いまは22日目なので確か倦怠期…マンネリ化の時期ですよね
何をすればいいんですか？
うん この時期は変化をつけることが大切なんだ
変化…ですか？
まだ私飽きていないですけど…
そうだね
でも人はワンパターンなものが心地よい反面
ときどき変化や刺激を求めるんだ
普段
いつもごはんとみそ汁安心する…
ときどき
カレーを食べたい！

心理ってほんと わがままですね
そうだね
習慣引力は 三日坊主 → 振り回され → マンネリ と来る
このマンネリ化が 習慣引力の 最後の 抵抗だよ
だから飽きてくる ことへ備えるのが この倦怠期の時期の 対策だよ
夜
朝？
フランス語の 勉強の場合は 何かな？
夜から朝に 勉強時間を 変えるとか？
それはダメ
When
変化をつけるには タイミングを変えずに 内容や場所・やり方を 変えるのがいいんだ
What
How to
Where
ほら お客さんの 滝本さんが うちで小説を 書くようにしたって 話があっただろ
あれは聖域を 作ることでも あるけど
変化をつけるって 意味もある

変化かぁ… フランス語の勉強なら TCFのCDを聞く リスニング中心に してきましたけど
conversation
en français
実際に フランス語で 話してみるとか
違うことを 始めると変化は つきますよね
そうだね あとは花園さんが やってるような電車で リスニングするみたいに 場所を変えたりとか
スキマ時間に勉強 できて変化もついて 一石二鳥だよね 勉強に使うテキストを 変えてみるのもいいかも
じゃあ テスト対策 ばかりじゃ つまらないから
パティシエの コンクールの 音声を聞くとかは どうですか?
それは モチベーションに なっていいね 夢ともつながるし

あと継続スイッチの種類を変えてみるのもいいよ
目標設定として試験に申し込むとか
TEF
TCF
みんなに宣言するとか
あっ！もしかして「ほめられ上手」のメール面倒になってます？
どうかな？
あ～ひどーい！
そうですね
目標設定とみんなに宣言はいいかも
冗談だよ
でもスイッチを変えると変化になるからこれも大切なんだ
SNSで試験を受けることみんなに宣言します！
うんうん！これで30日目までやればフランス語の勉強は習慣化達成だと思うよ

倦怠期の対策として
もう1つ…
次の習慣化って
何か決めてる？
いえ
一度に1つと
いわれたので
実は
この倦怠期に
次の習慣を計画するのが
とても大切なんだ
登山でいえば
次の山を見るというか
えと…
それは
どうして…
倦怠期は
ほぼ習慣化が
達成に近い時期だから
「もうできてるからいいや…」
って気持ちが
出てきやすいんだよね
ふむ…
そしてやめてしまう…

あー 確かに達成すると一気に気が抜けますよね
でもここで思い出してほしい 確かに習慣化のために努力してきた
だけど習慣化は手段で最終目標じゃなかったはずだ
あ…
つまり習慣化を達成しても終わりじゃない
習慣化の時期
その後の習慣
その習慣は続くんだ… むしろそこからが始まりといってもいい
そんなわけで「習慣化を達成できそう」という状況で
「達成するからもう十分だ」っていう勘違いをしないためには…
次の習慣があればいまの習慣はそのプロセスに過ぎなくなる？
その通り！ 狙いはそこ

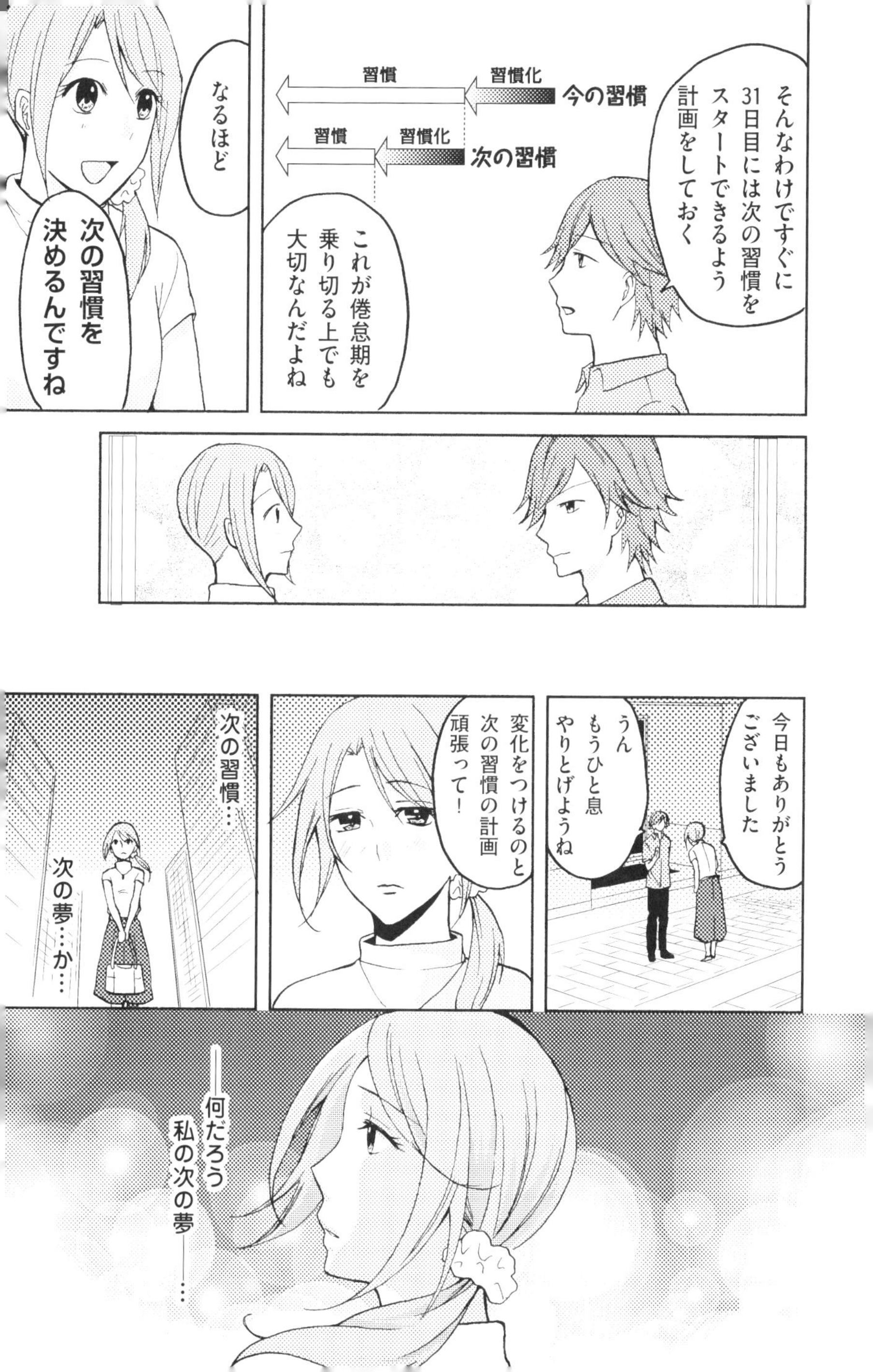
そんなわけですぐに31日目には次の習慣をスタートできるよう計画をしておく
今の習慣
習慣化
習慣
次の習慣
習慣化
習慣
これが倦怠期を乗り切る上でも大切なんだよね
なるほど
次の習慣を決めるんですね
今日もありがとうございました
うん もうひと息 やりとげようね
変化をつけるのと次の習慣の計画頑張って！
次の習慣…
次の夢…か…
──何だろう
私の次の夢──…

7-1

習慣引力から抜け出す最後のステップ！

油断大敵！　倦怠期の乗り越え方

習慣化の最後のステップである倦怠期は、マンネリ化の時期です。
人はいつも通りを好む一方で、行動への新鮮さも求めるものです。同じパターンの行動を続けると飽きてきてしまいます。同じことの繰り返しから生まれる単調さによって意味を感じなくなったり、物足りなさを感じたりして、やめてしまいたくなるのです。

マンネリ化しないために変化をつける

そんなときは、小さな変化を持ち込むことをおすすめします。
私はウォーキングするときには、変化をつけるために「ウェアを変える」「ルートを変える」ことを実践しています。
たとえば、第1週は自宅の周りのコース、第2週は最寄り駅コース、第3週は海沿いコ

変化をつける方法

やり方	効果	舞に当てはめた例
①内容・環境を変える	・新鮮な気持ちになる ・単調さを打破できる	・フランス語のテキストを変える ・カフェで勉強する ・アロマをたく ・クラッシックを聴きながら勉強する
②新しい継続スイッチを使う	・モチベーションが上がる ・行動への強制力が高まる	・リスニングの音源を変える ・職場のみんなに目標を宣言する ・試験に申し込む

ース、第4週は川沿いコースと決めています。また、ウェアは3着を気分に合わせて変えています。

舞のフランス語の勉強であれば、勉強する場所を自宅からカフェへ変える、題材をフランス語のテキストから好きなフランス語の本に変えるなどもいいでしょう。

ただし、パターン化されたスタート時間や方法はむやみに変えないようにしてください。せっかく身につきつつある一定パターンが台無しになってしまいかねません。

先ほどのようにルートを変えたり、洋服を変えたり、場所を変えたり、題材を変えたりすることでマンネリ化を防ぐ工夫を考えてみてください。

7-2

次にチャレンジすることを考える

次なる山を目指して…

最後に、次に習慣化したいテーマのプランを作ってください。
最初にお伝えした通り、よい習慣を増やすことで人生は変わっていきます。そのため、1つの習慣が身についたら、すぐに次の習慣に取り組めるように準備しておきましょう。
倦怠期で次の習慣化プランを作っておくことで、いまの習慣はあくまで通過点に過ぎなくなり、「さあ、これを乗り切って次に行こう」と不思議とやる気が湧いてくるものです。

次ページに、厳選した「70の習慣リスト」を掲載します。
こちらを参考に、自分にとってどんな習慣が必要か考えてみてください。
5年後、10年後にどんな自分になっていたいかをイメージしながらプランを立てるのがおすすめです。

70の習慣リスト

1．自己投資

本を読む／オーディオ学習をする／日記をつける／新しい人と会う／専門分野の勉強をする／資格取得の勉強をする／セミナー、勉強会に出る／通勤時間を学習時間に変える／ブログ・メルマガで発信する／定期購読をする（新聞、情報誌、メルマガなど）／人生計画を立て見直す（30年、10年、5年、3年）／1年の目標を毎日紙に書く

2．お金

自己投資をする／貯金をする／節約をする／資産運用をする／家計簿をつける／ギャンブルをやめる／他人におごる／寄付をする

3．精神充実（ストレス・モチベーション）

アファメーション（肯定的な宣言）を毎日唱える／瞑想をする／毎日1つ感謝することを書く／朝から風呂に入る／毎日楽しみにすることを1つ持つ／週に1回は趣味に打ち込む／片づける／1日3回深呼吸をする／好きな音楽を聴く／いい質問をする／1日1つ減らす（TO DOやモノ）

4．時間活用

テレビをつけない／前日に翌日の計画を立てる／メールチェックに回数制限を設ける／飲み会を断る／雑用はまとめて処理する／最重要事項3つを先にすませる／ TO DOリストに必ずメモをする／退社時間を決めて守る／早朝に出社する／一度に1つに集中する／時間活用を改善し続ける

5．人間関係

常に相手の名前で呼ぶ／毎日誰かをほめる／1日40%は笑顔でいる／大声であいさつする／聞き手にまわる／人を許す／交換日記を書く／毎日大切な人と10分以上会話する／愚痴・不満をいわない／結論から先にいう／win-win で考える

6．健康・美

サプリメントを飲む／白米を玄米に変える／毎日3回ハミガキする／自然食品を食べる／毎日7時間寝る／水を1日2リットル飲む／日光を30分浴びる／酒をやめる／着る服にこだわりを持つ／栄養バランスを取る★／野菜中心の食事に変える★／タバコをやめる★／筋トレをする★／有酸素運動をする★／摂取カロリーを制限する★／マッサージを受ける／ストレッチする

※リストの中で★がついているものは「習慣化」に3か月かかる身体習慣です

失敗しない次の習慣を計画するポイント

次の習慣を計画するときは、次の2点を守りましょう。

ポイント1 優先順位をつける

習慣化リストを作るときには、いくつも習慣化したいものが出てきます。自分の理想の人生や目標から考えて、優先順位が高いのは何かを考えてみてください。もちろん、一番習慣化しやすいものから徐々に難易度を高めていくという視点も有効です。

ポイント2 計画しても実行しない

繰り返しになりますが、一度に1つの習慣に取り組むことが大原則です。そのため、次の習慣化の計画を立てても、実行はいまの習慣が身についてからにしてください。

そのほかにも、現在の習慣の発展版で次の習慣を考えるのも効果的です。たとえば、フランス語の勉強の次は早起きにするとします。早く起きることでフランス語の勉強の時間をより多く確保でき、相乗効果が期待できます。

第8章

習慣化は夢を叶える手段

～さらなる習慣化を目指して～

5か月後…
ガヤ
ガヤ
ガヤ
ガヤ
こちらへどうぞー
お求めのお客様は
ご案内致します
ガシャン
バタ
バタ

パン
今日は全員でル・ブルジュオンを300個だ
カシャ
カシャ
カシャ
猫の手も借りたいよ
じゃあ私も手伝おうか？
Alors, je vais vous aider?
オーナー!?

ざわ
ざわ
ざわ
舞 クリスティーヌのツイート見たよ
J’ai consulté le réseau social de Christine.
ゴク…
あっ…
ありがとうございます！
Merci beaucoup!
ぎゅっ
クリスティーヌさんには光栄な言葉をいただきまして
Elle m’a félicité.
真心をこめて作ったお菓子なので
C’est un gâteau fait avec amour.
おー
Ouh là là,
気に入っていただけたようで本当に嬉しいです
Je suis tellement contente que vous l’appréciiez.

フランス語
上手になったね
Vous parlez bien
français maintenant.
あれから
たった５か月
なのに立派だ
Quels progrès depuis
5 mois !
いえ 先日は
プロとしての自覚が
足りず失礼しました
Excusez-moi pour la dernière fois. Je
n'ai pas été professionnelle du tout.
オーナーの
おっしゃったこと
深く心に刺さりました
ce que vous m'avez dit la dernière
fois m'a profondément
bouleversé.
めげない精神！
Quel courage !
素晴らしい！
Bravo !
ル・ブルジュオン
私も先ほど食べたよ
Moi aussi, j' ai dégusté
Le Bourgeon.
本当ですか !?
いかがでしたか？
C'est vrai!? Comment
vous le trouvez?

ドキ
ドキ
ドキ
素晴らしかったよ
Excellent!
まだ荒削りだけど
いい才能を持っている
Vous êtes une perle rare et vous allez progresser encore.
クリスティーヌ
からも
“あんな才能眠らせて
たらダメじゃない”って
叱られたよ
Christine m’a interdit de vous laisser tomber.
光栄です
C'est un honneur.
今はまだ基本を
しっかりさせて
ほしいんだが…
Apprenez bien l’essentiel, et

来年4月までに君の
オリジナルレシピが3つ
社内コンペで入賞したら
si vous gagnez notre concours interne
avec vos 3 gâteaux originaux avant
le mois d'avril prochain,
フランスの本店で
働いてみないか？
venez travailler à la maison-mère
en France, si vous voulez.
えっ
私が…
おぉ
おおぉ
ぎゅっ
は…
m, moi?
はい！ぜひ！
ou, oui. Je veux bien.
フッ
頑張ります！
Je vais y arriver !

フランス本店は
私が毎日 直接指導する
Je vous ferai apprendre tous
les jours là-bas directement.
当然 私の指導は
厳しいよ覚悟しなさい
Bien sûr, avec rigueur.
Courage pour votre réussite.
花園さん!

しかし すごいなぁ
フランス本店なんて
僕も行きたいよ
竣太郎さんも
行きましょうよ
一緒に
ドキッ
ハッ
はは、ははは…
そんな簡単に
行けたらいいけどね

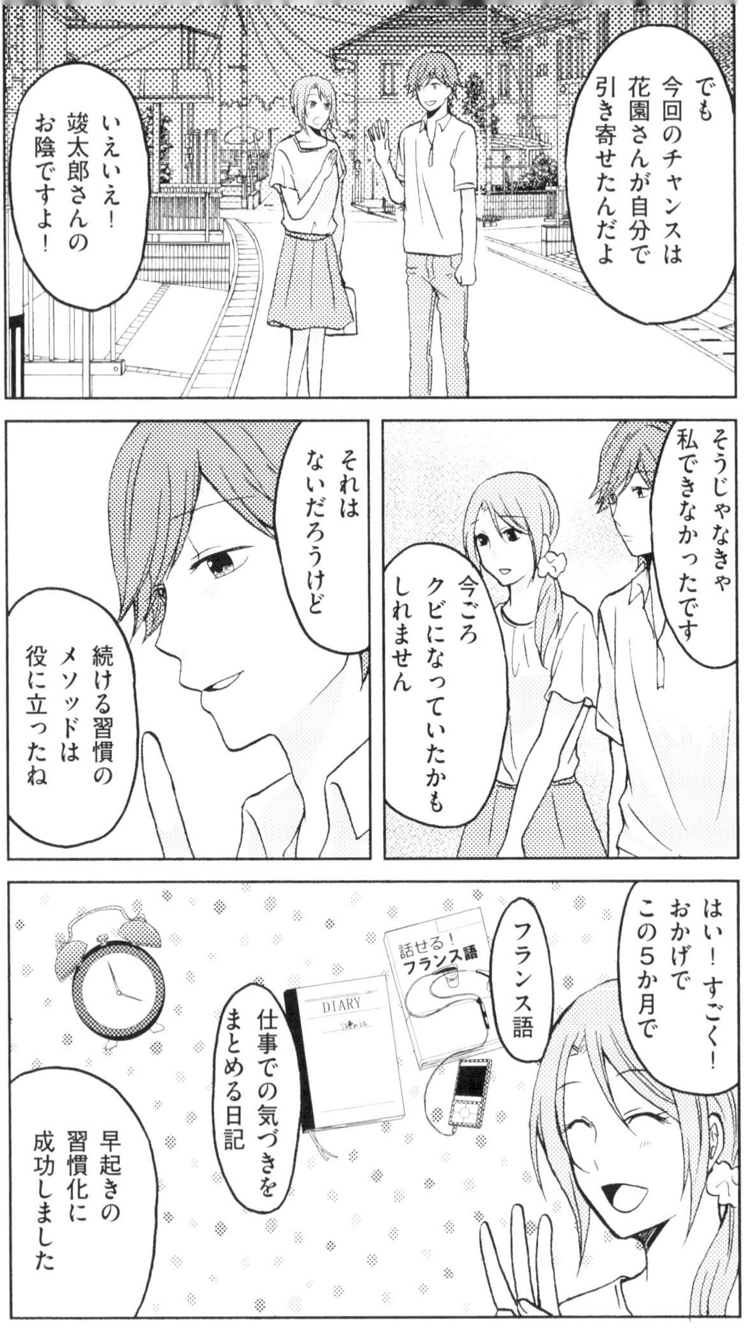
でも今回のチャンスは花園さんが自分で引き寄せたんだよ
いえいえ！竣太郎さんのお陰ですよ！
そうじゃなきゃ私できなかったです
今ごろクビになっていたかもしれません
それはないだろうけど
続ける習慣のメソッドは役に立ったね
はい！すごく！おかげでこの5か月で
フランス語
話せる！フランス語
DIARY
仕事での気づきをまとめる日記
早起きの習慣化に成功しました

結果として
その相乗効果が
ジョエルに才能を
認めさせた
チャンスを
引き寄せたんだ
複利効果という
やつですか？
そうそう
複利効果だよ
1つのことを
長期間続けることで
二次曲線的に
結果が出始める
ときがある
習慣を続けて得られる結果の
二次曲線的イメージ
結果
期間
また
複数の習慣を
持つことで
DIARY
気づき日記
話せる！フランス語
フランス語
早起き
フランス語で
業務報告可能
早起きして
フランス語学習
En français
相互作用が起き
複利的な成果が
出始める

複利的な結果…今回のがそうならなんてすごい結果…
そして相互作用を期待するなら…
次の習慣は決めてる？
んー そうですねぇ 次かぁ…
じゃあ次は…
お手本のレシピノート作りにします！以前挫折してますし
私がお手本としたいレシピを毎日1つ見つけてノートに書くんです！
なるほど 社内コンペで入賞するためだね
あっ そこまで考えてなかったですけど…

確かにオリジナルレシピ作りの助けになりますね
もちろん基礎的な力を底上げすることにもなるし
パティシエとして成長するためにいい習慣だと思うよ
その習慣が身につけば「世界の花園」に最短で近づけそうだね
世界の花園……？
習慣は夢から逆算して考えればいいんですね
世界の花園
「夢」
必要な「結果」
オリジナルレシピ入賞！
結果をもたらす「習慣」
レシピノートなど…
それが花園さんの夢だよね？
……私の…夢！
そっか！

そう
習慣化は
夢を叶える手段
だからね
ただ続けているだけでは
理想の人生は手に入らない
そこに目標や
夢がなくちゃ

だから花園さんの場合も
1つ2つではなく
これから夢に向けて毎月習慣を積み上げていってほしいんだ
そうするとその習慣が相互作用を起こして
資格
TOEIC
自己投資
時間活用
精神充実
健康・美
預金通帳
××銀行
お金
人間関係
今回のようないいことを引き寄せることにもなるんだ
何か…
ワクワクしますね

コツコツ続けるなんて地味だから嫌いだったのに
いまは習慣化でワクワクしてきました
おーいいね
僕も…舞ちゃんに負けてられないな
ドキッ
ハッ
あの…竣太郎さん
本当に勉強になりました
あの…だから
2人の相乗効果で一緒にフランスを目指しませんか?

う…ん…
だけど僕はまだ
ジョエルにそこまで
認められて
いないしなぁ…
それは…
だ…だからこそその
習慣化ですよ！
竣太郎さんが
教えてくれたように
夢から逆算して…
習慣化して…！
私もっと
竣太郎さんに
教わりたいんです！
フランスでも！
…
すみません…
迷惑でしたよね…
よし
そうと
決まったら
グッ
もっと習慣化
させないと！

フランス語の勉強時間を増やしてライバル店の研究もしなきゃな…
あと フランスの文化ももっと学んでおきたいし…
フフッ
やっぱり竣太郎さんは私の「続ける習慣」の先生です
私もずーっと続けていきたいです！
そうそう続けることこそが大事なんだよね…
じゃあ…フランス本店を目指して習慣化の計画を一緒に考えてみようか？
はい！お願いします！

8-1

よい習慣は夢も引き寄せる

習慣化の相互作用

舞はフランス語の学習からスタートして、早起き、レシピ作りと習慣を重ねることで、オーナーとの会話からフランス本店への留学という幸運を引き寄せました。

極端なストーリーに見えますが、習慣の複利効果で人生を変えていった人を私はたくさん知っています。続けることは、ただ行動を積み重ねていくことですが、その結果、幸運を引き寄せ、二次曲線的に成果が高まるタイミングがあります。

運は偶然性があってコントロールできませんが、幸運を引き寄せる源である習慣は、コントロールできます。幸運を呼び込む人には、よい習慣が必ずあるのです。

自分に習慣の種をまいていけば、徐々に芽を出し、花を咲かせ、実を結びます。

それを繰り返していくことで、どんどん人生は変わっていきます。

あなたの夢の実現に「続ける習慣」をぜひ活用してください。

おわりに

最後までお読みいただき、ありがとうございました。

本書は、『30日で人生を変える「続ける」習慣』（日本実業出版社）を舞と竣太郎のストーリーに乗せてお届けしてきました。文章で整理して読まれたい方は、原著も合わせてお読みいただければと思います。

また、本書のメソッドを記入するための習慣化プランシート、及び続ける習慣実践1か月フォローメール（毎朝9時に配信）は、習慣化コンサルティングのホームページ（http://www.syuukanka.com）から無料で入手いただけます。実践にご活用ください。

私にとって初のマンガ本です。マンガをご担当いただいた、みつくさん、株式会社フリーハンドの佐藤克利さんにも御礼を申し上げます。

本書があなたの人生を変えることを祈っております。

２０１６年６月　習慣化コンサルタント　古川武士

古川武士（ふるかわ　たけし）
習慣化コンサルティング株式会社代表取締役。
関西大学卒業後、日立製作所などを経て2006年に独立。
３万人のビジネスパーソンの育成と500名の個人コンサルティングの現場から「習慣化」が最も重要なテーマと考え、日本で唯一の習慣化をテーマにしたコンサルティング会社を設立。オリジナルの習慣化理論・技術を元に、個人向け習慣化専門学校、講座、企業への行動変容・習慣化の指導を行っている。
主な著書に、『30日で人生を変える「続ける」習慣』『新しい自分に生まれ変わる「やめる」習慣』（以上、日本実業出版社）、『「早起き」の技術』（大和書房）などがあり、中国・韓国・台湾でも広く翻訳されている。

みつく
関西在住。広告、PR向けに漫画制作をしている漫画家。
ベネッセコーポレーションDM漫画、牛乳石鹸WEB漫画『ときめき★トライアングル』　など。
pixiv ID＝563636

マンガでわかる「続《つづ》ける」習慣《しゅうかん》

2016年７月１日　初版発行
2016年８月10日　第３刷発行

著　者　古川武士 ©T.Furukawa 2016
作　画　みつく ©Mitsuku 2016
発行者　吉田啓二

発行所　株式会社日本実業出版社　東京都文京区本郷３－２－12 〒113-0033
大阪市北区西天満６－８－１ 〒530-0047
編集部　☎03-3814-5651
営業部　☎03-3814-5161　振　替　00170-1-25349
http://www.njg.co.jp/

印刷／理想社　　製本／若林製本

この本の内容についてのお問合せは、書面かFAX（03-3818-2723）にてお願い致します。
落丁・乱丁本は、送料小社負担にて、お取り替え致します。

ISBN 978-4-534-05400-5　Printed in JAPAN

日本実業出版社の本

30日で人生を変える「続ける」習慣

古川武士
定価 本体 1300円（税別）

よい習慣を身につければ、人生がうまく回り出す！　成功者だけが知る「続けるコツ」を、ＮＬＰとコーチングをベースに体系化した「習慣化メソッド」を初公開！　早起き、資格勉強、語学、片づけ、貯金、ダイエット、禁煙など、何でもラクに続くようになる！

新しい自分に生まれ変わる「やめる」習慣

古川武士
定価 本体 1400円（税別）

習慣化コンサルタントの著者が、「悪い習慣」の誘惑に打ち勝つ「やめる習慣メソッド」を初公開！　先延ばし、ネット・スマホ、食べ過ぎ、飲み過ぎ、ムダ遣いなどを確実にやめられる「習慣プラン」付き！「悪い習慣」を手放して、人生に好循環を起こそう！

定価変更の場合はご了承ください。